CASA & ESTILO
INTERNACIONAL

DESIGN

2000

First Edition

Primera Edición

INTERNATIONAL
INTERIOR DESIGN
ASSOCIATION

What is IIDA?

The International Interior Design Association [IIDA] is a professional networking and educational association of more than 10,000 members in eight Specialty Forums, nine Regions, and more than 30 Chapters around the world committed to enhancing the quality of life through excellence in interior design and advancing interior design through knowledge. The International Interior Design Association [IIDA]

ADVOCATES for design excellence
NURTURES a global interior design community
MAINTAINS educational standards
RESPONDS to trends in business and design
PROVIDES superior information about interior design and related issues, using its own rapidly developing body of knowledge as a resource

What is IIDA's history?

IIDA, founded in 1994, is the result of a merger of the Institute of Business Designers [IBD]; the International Society of Interior Designers [ISID]; and the Council of Federal Interior Designers [CFID]. The goal of the merger was to create an international association with a united mission that would represent interior designers worldwide and speak on their behalf with a single voice.

What makes IIDA unique?

FLEXIBILITY A fundamental premise of IIDA is that it will be unencumbered by rigid bureaucracy, that it will be responsive to changing member needs and able to "turn on a dime" when necessary. IIDA is a member-driven organization that offers a menu of services geared to the busy designer of today and tomorrow.

GLOBALISM IIDA is an Association with an international focus. The design industry like every other field of business is facing the challenges of an expanding global market. With over 30 Chapters worldwide, including Europe and Asia, IIDA is poised to take an active role in that market. Through tools like the IIDA Web site, members stay connected around the world.

FORUMS Members participate in IIDA through the Chapters in nine Regions established throughout the world, and have the opportunity to participate in IIDA's Forums. The Forums have been established to deliver programs that coincide with the specialized areas of practice:

COMMERCIAL	HEALTHCARE
EDUCATION & RESEARCH	HOSPITALITY
FACILITY PLANNING & DESIGN	RESIDENTIAL
GOVERNMENT	RETAIL

CONTINUING EDUCATION IIDA is committed to promoting professional expertise. We offer an array of first-rate Chapter and Regional professional development conferences, programs, Chapter level CEU programs, and home-study educational courses.

What are member benefits?

Perspective, a quarterly publication concerning industry and practice issues and trends.

IIDA Web Site access with information, chatroom, and on-line versions of publications.

Use of IIDA Professional designation (Professional members only).

ActionFax, a bi-monthly membership communication piece.

Networking opportunities in specialty practice areas through Forums.

Access to designers, suppliers and sources in the U.S. and other countries.

Professional development and educational programs.

Distance Learning

Access to the network of IFI organizations.

International code and licensing initiatives.

Proactive leadership in gaining recognition for the profession.

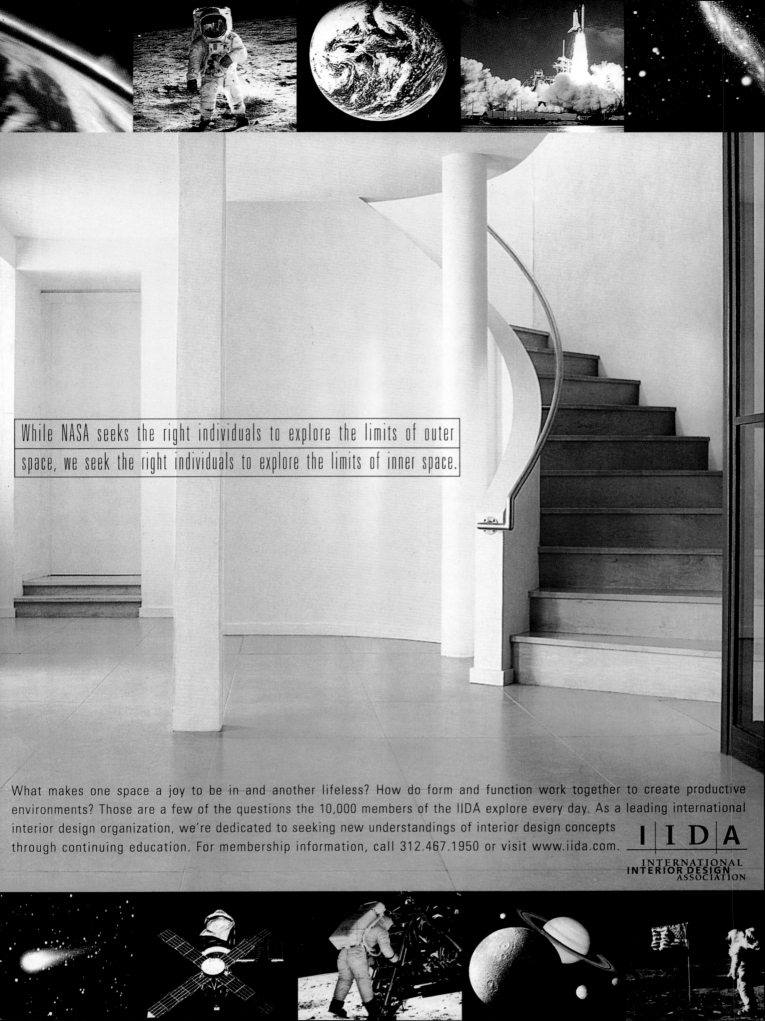

While NASA seeks the right individuals to explore the limits of outer space, we seek the right individuals to explore the limits of inner space.

What makes one space a joy to be in and another lifeless? How do form and function work together to create productive environments? Those are a few of the questions the 10,000 members of the IIDA explore every day. As a leading international interior design organization, we're dedicated to seeking new understandings of interior design concepts through continuing education. For membership information, call 312.467.1950 or visit www.iida.com.

I I D A

**INTERNATIONAL
INTERIOR DESIGN
ASSOCIATION**

37ª FERIA INTERNACIONAL DEL MUEBLE DE VALENCIA

Del 25 al 30 de Septiembre del 2000

 37TH INTERNATIONAL FURNITURE
FAIR OF VALENCIA · SPAIN

37-ая МЕЖДУНАРОДНАЯ
ВАЛЕНСИЙСКАЯ
ЯРМАРКА МЕБЕЛИ

第三十七届
瓦伦西亚
国际家具展销会

معرض بالنسيا
الدولي ال٣٧
للاثاث

37.
INTERNATIONALE
MÖBELMESSE
VALENCIA

제 37회 발렌시아
국제 가구 전시회

37º SALON
INTERNATIONAL
DU MEUBLE
DE VALENCIA

INTERNATIONAL FURNITURE FAIR OF VALENCIA
From 25th to 30th September 2000 Valencia · Spain

RITMO QUE RUEDA.

¿Recuerda la primera vez que vio un Impala?

¿Recuerda la música de entonces?

Todo lo que hizo del Chevy Impala uno de los mejores recuerdos de tres generaciones,

lo reúne el nuevo modelo del 2000. La legendaria potencia, el rodaje inolvidable,

más su nuevo diseño, planeado y construido con su seguridad en mente.

Por eso el gobierno federal le otorgó la clasificación de cinco estrellas ★★★★★

en la prueba de impacto frontal - para ambos el conductor y el pasajero delantero.*

Eso es algo que Camry, Accord, e Intrepid, no han logrado.†

Para más detalles en español, llame sin cargo alguno
al 1-800-950-8246 y maneje un nuevo clásico hoy mismo.

EL NUEVO CHEVY IMPALA
Vuelva a Pasear.

Publishers/Editores
Ugo Campello/José Alfonso Niño

Editor in Chief/Director
José Alfonso Niño

Design/Diseño
José Guillermo Díaz
fourdiaz design

Executive Editor/Jefa de Redacción
Lidia Sánchez Amores

English Editor/Editor de Inglés
Al Alschuler

Advertising Consultant/Consultora de Publicidad
Muriel A. Sommers

Advertising Director/Directora de Publicidad
Ro Özdemirci

Sales Executives/Ejecutivos de Publicidad
Yana Armstrong
Alberto García Menocal

Public Relations Director
Directora de Relaciones Públicas
Valeria Campello

Internet Director/Director de Internet
José A. Niño, Jr.

Circulation Director/Directora de Circulación
Silvia Campello

International Coordinator
Coordinadora Internacional
Margarita Alamo de Niño

Editorial Assistant/Asistente Editorial
Damaris Cabrera

Advertising Assistant/Asistente de Publicidad
Thelma Abaunza

Pre Press/Fotolitos
2000 Graphics.
Miami, Florida, USA

Printing/Imprenta
Grafica Editoriale Printing
Bologna, Italia

Casa & Estilo Internacional (ISSN 1521-8287) and
Casa & Estilo Internacional Design 2000
(ISBN 0-9677206-0-5) are published by
LINDA INTERNATIONAL PUBLISHING, INC.

Oficinas Centrales de
Redacción y Publicidad:
12182 SW 128 Street
Miami, Florida 33186
Tel 305/378 4466 • 1 800/848 0466
Fax 305/378 9951
www.casaestilo.com
E-Mail casaestilo@aol.com

Oficina de Publicidad en New York
Rhona Bayer Ehrlich
220 East 23rd Street, Suite 305
New York, NY 10010
Tel 212/686 6996 • Fax 212/686 7542
E-Mail planexny@worldnet.att.net

Oficinas Internacionales de Publicidad
Argentina
Alfredo J. Materi & Asoc.
Laprida 1608, 3º Piso, "A"
(1425) Buenos Aires. Argentina
Tel 825 0798 • 821 4859

España
Nacho Burgos
C/ Aben Al Abbar, 8-6-56
46021 Valencia
Tel/Fax 96/361 2253

Italia
A&M (Advertising & Management)
C.so Magenta 96
20123 Milano
Tel 02/48592267 • Fax 02/4812025

Summary
Sumario

Design Professionals

Profesionales del Diseño

Adriana Hoyos 16- 25

Ahmed Chabebe 26 - 31

Aida Cruz de Miolan 32 - 39

Alfredo Brito 40 - 47

Carole Korn 48 - 55

Chip Dupont & Toni O'Neil 56 - 63

David Lozano 64 - 71

Dianne Joyce & Cary Fernández 72 - 79

Frankie Marie

Raven

Eduardo Lora Bermúdez 80 - 87

Felix A. Achenbach III 88 - 95

Frederico Azevedo 96 - 103

Gisela Morales Martín 104 - 111

Gustavo Alberto López S. 112 - 119

Jane-Page Crump 120 - 127

Jesús Ibáñez 128 - 135

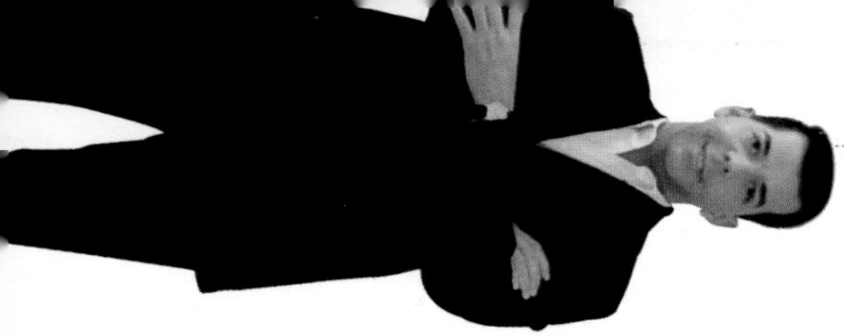

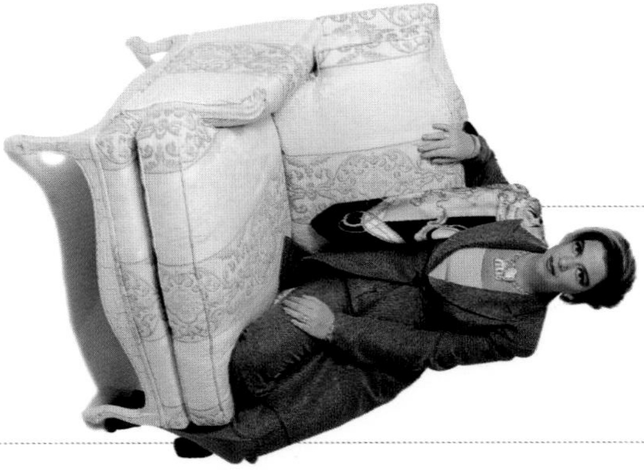

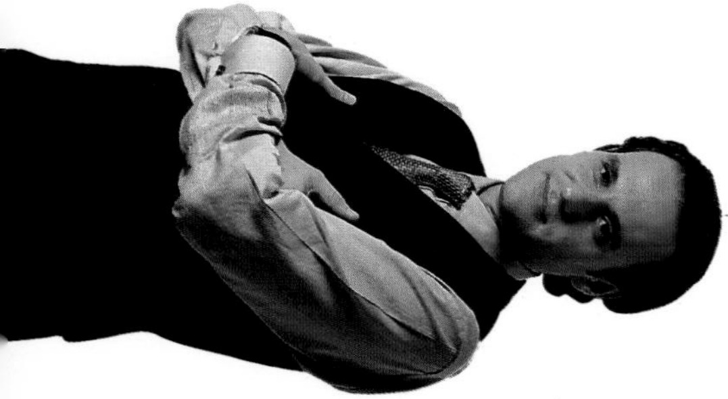

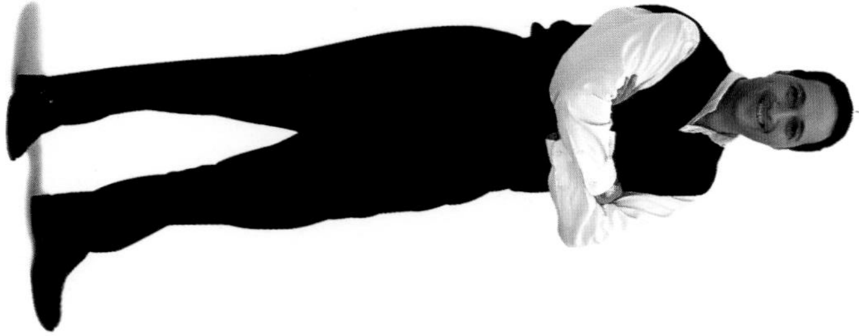

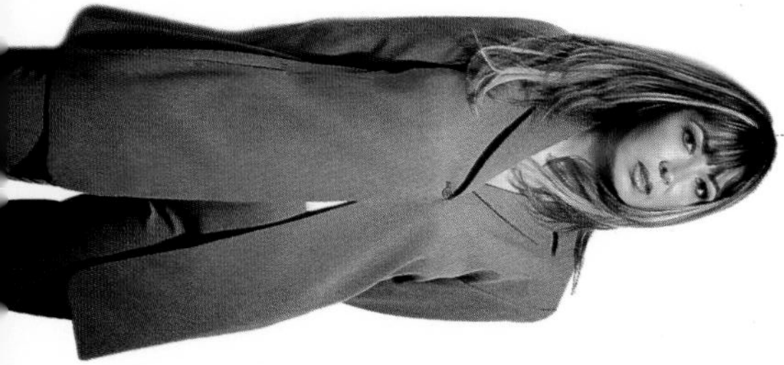

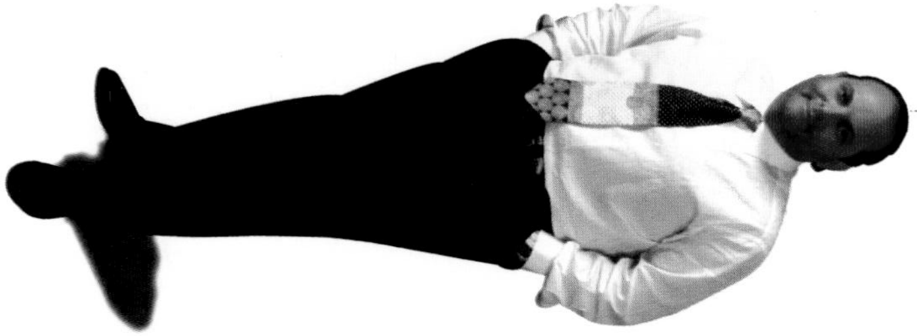

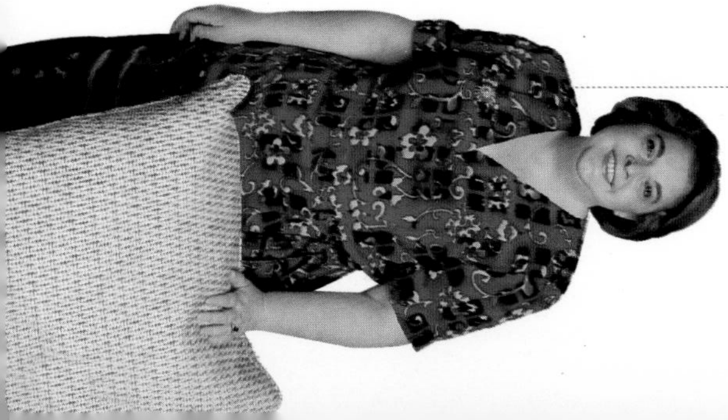

Adriana Hoyos

Adriana Hoyos has lived in Ecuador since she was a child, but was born in Colombia. In 1986, after studying interior design at Marymount College in Virginia, United States, she inaugurated her practice in residential and commercial design. There was a need of fine furniture then in Ecuador, so she found better furnishings elsewhere to import which, along with a line designed by herself, are featured in the showroom that carries her name. Today she has three showrooms in Ecuador, as well as one, soon to open, in Miami. "I was discovering the richness of the forms and of color. Little by little I also understood the nobility of the materials and acquired a great respect for space, for light and for the wonderful possibilities they offer." The designer credits the principal part of her success to her ability to understand the needs of her clients and make these a harmonious aesthetic and comfortable reality.

Adriana Hoyos ha vivido en Ecuador *desde pequeña, aunque nació en Colombia. Realizó sus estudios de Diseño Interior en el Marymount College de Virginia, Estados Unidos. Inició sus trabajos comerciales y residenciales en 1986. Las limitaciones que presentaba el medio para conseguir muebles finos y elementos decorativos, le impulsaron a seleccionar las mejores marcas para representarlas en el Ecuador, conjuntamente con una línea de producción diseñada por ella. Entonces abre la firma de decoración que lleva su nombre. Hoy tiene tres showrooms en Ecuador y próximamente abrirá uno en Miami, Florida. "Fui descubriendo la riqueza de las formas y del color. Poco a poco comprendí también la nobleza de los materiales y fui adquiriendo un respeto, casi solemne por el espacio, la luz, y las maravillosas posibilidades que ofrecían." Adriana Hoyos define como parte principal de su éxito comprender las necesidades de sus clientes y hacerlas realidad con arte, armonía y confort.*

Right: Formal room with hand-carved mantel accompanied by antique French candelabra. A cocktail table of generous proportions unifies the environment.

Derecha: *Sala formal con marco de chimenea tallado a mano, acompañado de candelabros franceses antiguos. Una mesa de centro de grandes proporciones crea unidad en el ambiente.*

ADRIANA HOYOS
Alonso de Torres N. OE7.
El Bosque, Edificio Centrum N. 201 • Quito, Ecuador
Tel (593 2) 258-383 / 384 • **Fax** (593 2) 463-113
E-Mail ahoyos@hoy.net

Formal living room with sofas upholstered in a silk fabric that complements the coordinated draperies which puddle freely to the floor.

Sala formal integrada por sofás en seda a juego con cortinas coordinadas y enrolladas libremente.

This elegant foyer has doors and handrails made of wrought-iron and wood, with a focal table of singular design.

El elegante vestíbulo de entrada tiene puertas y pasamanos de hierro forjado y madera, que combinan con una mesa de diseño muy singular.

A classic dining setting surmounted by an antique crystal chandelier and, as a background, a marvelous sight of the countryside.

Comedor clásico con lámpara de cristal antiguo. En el fondo, una vista maravillosa del campo.

This circular English-style bar is accompanied by a spectacular card table of leather and wood.

Mueble de bar estilo inglés con diseño circular. Está acompañado por una espectacular mesa para jugar cartas, en cuero y madera.

Classic dining room with an elegant double-pedestal table, a medieval tapestry and, overhead, a celestial mural painted by Veronique De Romance.

Comedor clásico con mesa de doble pedestal y tapa en fina madera. En el techo podemos observar unas nubes pintadas al óleo por Veronique De Romance y en la pared un gobelino medieval.

A lounge adjacent to the bar whose soft chamois sofas afford a stylish setting to relax.

Sala contigua al bar, muy cómoda, con safás de gamuza.

Living room with comfortable seating and a beautiful carpet made in India, accompanied by colorful contemporary paintings by the noted Ecuadoran artists Guayasamin and Carlos Ashton.

Sala con cómodos sofás y hermosa alfombra, hecha en la India. Aquí se aprecian obras de los famosos pintores ecuatorianos Guayasamín y Carlos Ashton.

An English-styled library custom-crafted to the specifications of this particular client featuring natural Tangaré wood.

Estudio construido a medida, con estilo inglés, de acuerdo a las necesidades del cliente. Se usó fina madera de Tangaré, al natural.

The showroom and offices of Adriana Hoyos in Ecuador.

Local donde se encuentran el salón de exposición y las oficinas de la firma de decoración de Adriana Hoyos en Ecuador.

Ahmed Chabebe

Right: A peaceful
and relaxing library
with a tropical flair
whose bookcases also
hold many collectibles.

Derecha: *Esta tranquila
y relajante biblioteca tiene
toques tropicales.
Los libreros oscuros están
llenos de objetos
coleccionados durante el
paso de los años.*

Ahmed Chabebe, an architect since 1978,
began by designing and supervising
projects for other architectural firms, as
well as his own. His passion for interior
design, especially residential interiors,
developed early in his career.
The environments that he designs are
traditional and classical, style he handles
with simplicity and elegance.
Antiques and Far Eastern elements are
usually incorporated in his interiors.
His clients, Dominican for the most part,
have full confidence in his ability to
realize their objectives.
According to Chabebe, personal
relations are important in understanding
clearly the lifestyles, habits and
preferences of each client. In this way
he can provide even better spaces
that they might have hoped.

Ahmed Chabebe, arquitecto desde *1978,
inicia su trayectoria profesional diseñando y
supervisando obras, tanto suyas como de otras
firmas de arquitectura. Desde muy temprano en
su carrera empieza a desarrollar una gran pasión
por el diseño de interiores, lo que mayormente ha
venido realizando durante los últimos años,
especialmente en el área residencial.
Los ambientes que diseña son de un marcado
estilo clásico y tradicional, manejados con
sencillez y elegancia. En todas sus obras está
presente el detalle antiguo y un elemento
de estilo oriental.
Sus clientes, dominicanos en su mayoría,
han depositado en él plena confianza
para la realización de sus proyectos.
Según Chabebe, el trato y el contacto
personal son parte muy importante para
conocer y entender claramente el estilo
de vida, hábitos, costumbres y
preferencias de cada cliente para
proporcionarles espacios aún mejores de
los esperados por ellos.*

AHMED CHABEBE & ASOCIADOS
Galerías Comerciales, Suite 304
Ave. 27 de Febrero #54
Santo Domingo, Rep.Dominicana
Tel 809/472 1291 • 305/374 3905
Fax 809/472 1839 • 305/372 3817

Hand-painted gold leaf panels access an English-style dining setting whose Oriental and silver accessories add to its elegance and formality.

Paneles pintados a mano con acentos dorados dan acceso a este comedor de estilo inglés. Los detalles orientales y los accesorios de plata le añaden elegancia al ambiente.

Detail of one corner of the living room described on the next page.

Detalle de un ángulo del salón que vemos en la foto de la derecha.

A large living room divided into two entertainment and conversation areas, casual yet formal. Gentle colors with rich historical patterns fill this room.

Esta sala de grandes dimensiones fue transformada en dos áreas de entretenimiento y conversación, casuales y al mismo tiempo formales. Suaves colores con acentos históricos llenan esta habitación.

Elegant and spacious palace looking formal living room with deep royal colors. Antique hand-carved gold leaf cornices accompanied by English laces.

Esta elegante y amplia sala tiene un aspecto palaciego, con colores reales. Las antiguas cornisas doradas están decoradas con lazos ingleses.

Reading room with pleasant reflecting green walls, bold original hand-carved crown moldings in dark mahogany. Colors and patterns call for a casual tropical mood.

La sala de lectura está enmarcada con paredes pintadas en verde y el techo parcialmente cubierto en caoba oscura. Los colores y el diseño crean un ambiente casual, con acentos tropicales.

A terrace opening onto the pool and surrounding natural tropical landscape provides a relaxing setting with ample area to entertain.

Esta terraza se funde con la piscina y el paisaje tropical que la rodea. Es un lugar ideal para descansar y recibir amigos.

A dining room enhanced by upholstered walls with cheerful color fabric. The crown molding, ceiling trellis and doors are stained finished after the color theme.

Las paredes de este comedor se tapizaron con telas de alegres colores. En el artesonado del techo y en la decoración de las puertas se repitieron las tonalidades generales del ambiente.

A cozy and inviting foyer. Red mirror-like lacquered walls enhance the antique commode, mirror and sconces, framed by a pair of Venetian blackamours, circa 1860 .

Este hermoso vestíbulo tiene paredes brillantes que enriquecen la elegancia de la cómoda antigua, el espejo y los dos candelabros enmarcados por una pareja de esculturas venecianas de alrededor de 1860.

A large drawing room that opens onto a terrace and pool featuring antique Oriental furnishings, lighting, and accessories to accentuate its formality.

Esta habitación se comunica con la terraza y la piscina. En su interior hay muebles antiguos orientales y accesorios que aumentan su elegancia.

An exquisite and relaxing studio that
wraps you with the warmth richness
of the antique Oriental carpet and the
gold-leaf columns of the large bookcase.

*Este armónico estudio tiene notas de calidez,
gracias a la alfombra oriental y a las columnas
doradas que enmarcan el gran librero.*

An antique Moroccan ceiling panel converted
to a mirror enhances this cheerful and
inviting cabana pool house.

*Un antiguo panel de techo marroquí, convertido
en espejo, domina la alegre decoración de esta
cabañita situada al lado de la piscina.*

Aida Cruz de Miolan

With more than 18 years experience in the business of design, construction, renovation and decoration of houses and apartments, Aida Cruz de Miolan is respected, not only by her clients, but also by other professionals.

As President of Constructora Abad S.A., Aida Cruz de Miolan believes that her most important consideration is "to adapt the desires and needs of my clients to whatever environment I build or decorate. Everyone has an ideal home. As a professional, my goal is to interpret and realize their dreams. If one can achieve this objective, there will always be a happy client."

This project is a beautiful furnishings and accessories showroom, with 10,500 square feet on two levels. Its style is neoclassical, with large bay windows, Italian marble floors, carpets, two lovely domes with murals. An elevator and a beautiful marble staircase with a wrought-iron railing access the upper level.

Con más de 18 años en el negocio *del diseño, construcción, remodelación y decoración de casas y apartamentos, Aida Cruz de Miolan es hoy respetada y admirada, no sólo por sus clientes, sino también por otros profesionales. Como presidenta de la compañía Constructora Abad, S.A., su filosofía de trabajo es "Adaptar los deseos y las necesidades de mis clientes, al entorno donde me toque construir o decorar. Todo ser humano tiene en su mente la casa de sus sueños, así que cuando se acerca a un profesional para que le desarrolle un proyecto, su deseo es que éste interprete su sueño y lo haga realidad. Si uno logra este objetivo, tendrá un cliente feliz".*

El proyecto que presentamos es una tienda de venta de muebles y artículos de decoración de 3,205 mts2 en dos niveles. Su estilo es Neoclásico, con grandes ventanales tipo Bay Windows, plafones en yeso, pisos de mármol italiano, alfombras, dos bellas cúpulas con pinturas al fresco, ascensor y una bella escalinata en mármol con baranda de hierro forjado.

Right: One view of a home furnishings showroom revealing assorted backgrounds and levels devised for various displays, all beautifully decorated and illuminated.

Derecha: *Vista parcial de la tienda, donde se ven grandes ventanales y diferentes niveles creados para presentar los muebles y accesorios. Todo está bellamente decorado e iluminado.*

AIDA CRUZ DE MIOLAN / CONSTRUCTORA ABAD
Ave. Anacaona #34, Edificio Torre Palacio Real
Apto. 301, Bella Vista, Santo Domingo, Rep. Dom.
Tel 809/541 0222 **Fax** 809/541 7015
jwt.rd@codetel.net.do

A formal setting in contrast with a background of stone and bricks. The sofa and love seat are from Hurtado; the cocktail table, from Maitland-Smith.

El bello ambiente de esta sala contrasta con el muro de fondo en piedra y ladrillos. Sofá tapizado y "love seat" de Hurtado. Mesa de centro de Maitland-Smith.

The inviting stone archway leads to the Mexican and Santa Fe areas whose decor features appropriate colors and materials.

Bello arco en piedra que da acceso al área de muebles mexicanos y estilo Santa Fe, decorada en colores y materiales acordes.

This beautiful room in Mexican-style features an elegant bed, a mirror with an ornate frame and ample storage.

Bella habitación estilo mexicano, con una elegante cama, espejo con marco tallado en diferentes tonos rojos y un práctico baúl.

This dining room combines contrasting materials and textures: the table with its marble top and metal base, mahogany side chairs and formal blue china. All of the accessories are from Mexico.

En este comedor podemos apreciar diferentes materiales y tonalidades –como las sillas en caoba, el tope de la mesa en mármol y la base en metal–, creando contraste con la vajilla de color azul. Todos los accesorios son mexicanos.

View of the double-height mezzanine, including a finely detailed cornice and majestic alabaster chandelier.

Vista del entresuelo con doble altura donde se aprecian los detalles de las cornisas y una majestuosa lámpara de alabastro.

Beautiful bed and credenza created by Mexican artist Agustín Parra.

Preciosa cama y credenza del artista mexicano Agustín Parra.

In this eclectic setting are different styles, including Louis XV armchairs, credenza, a Mexican painting and chaise lounge and a contemporary sofa.

En este ambiente ecléctico se combinan estilos diferentes: butacas Luis XV, credenza, pintura y chaise longue mexicanos, además de un sofá contemporáneo.

Night view of the La Nacional Home Gallery.
Vista nocturna de "La Nacional Home Gallery".

An engaging octagonal dining table from Girard-Emilia
in dark mahogany with gold inlays and contrasting chairs
with black lacquer-and-gold details.

*Precioso comedor octagonal de Girard-Emilia. La mesa de caoba
está tallada con detalles en pan de oro. Las sillas de tonos claros
contrastan con los adornos en laca negra y pan de oro.*

The central corridor from which may be seen an
arched platform bounded by slender columns with
gold-fluted decoration.

*Pasillo central donde se observa la forma arqueada del
plafón que descansa sobre las esbeltas columnas estriadas con un
cintillo en la parte superior e inferior en pan de oro.*

Alfredo Brito

"**I like to play with textures and** colors," comments Alfredo Brito, a renowned interior designer, with 19 years of experience, and the recipient of numerous awards. He, in association with Juan M. Arango, established the company, Brito Interiors, which is headquartered in Miami, Florida. While devoted to interiors design and restoration, it also specializes in the design of fine showrooms.

"I like to design interiors that never go out of fashion, that endure for many years, pieces that are considered more valuable with every passing day," says Brito. Damascus and velvet are his preferred textures; emerald, sapphire and ruby his precious gem-like colors. And his style? He defines it as "eclectic-traditional."

Brito is also a renowned furnishings designer. His creations are distributed by Hurtado USA in the American market.

"**Me gusta jugar con texturas y** colores", comenta Alfredo Brito, famoso diseñador de interiores cubanoamericano, con 19 años de experiencia y ganador de numerosos premios. Asociado con Juan M. Arango, fundó la compañía Brito Interiors. Esta firma, que tiene su sede en Miami, Florida, se dedica a diseñar interiores y a restaurar residencias antiguas. Por otro lado, se especializa en el diseño de exhibiciones para empresas fabricantes de muebles, destacándose en el diseño de escaparates, especialidad en la que se ha hecho acreedor de numerosos premios. "Me gusta diseñar interiores que nunca pasen de moda, que perduren por muchos años, piezas que cada día que pase se consideren de más valor, ya que cada vez hay menos artesanos que se dediquen a la fabricación de muebles con maderas preciosas", dice Brito. Damasco y terciopelo son las texturas preferidas de este diseñador. Esmeralda, zafiro y rubí las gemas preciosas de donde extrae los colores que más le gustan... ¿Y su estilo? El lo define como ecléctico-tradicional. En la actualidad, Brito está triunfando en su nueva faceta de diseñador de muebles, creando colecciones que la firma Hurtado distribuye en el mercado americano.

Right: Formal dining room with a tropical flavor combining both elegant and rustic influences.

Derecha: *Comedor formal con sabor tropical y mezcla de estilos, elegante y rústico.*

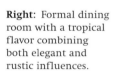

BRITO INTERIORS
1000 Quayside Terrace #412
Miami, FL 33138
Tel 305/895 8539 **Fax** 305/893 1962

Dining room furniture from Hurtado USA's Versailles collection. Tapestry on the wall imparts an exotic aspect to the atmosphere.

Los muebles de este comedor son de la línea Versailles, de Hurtado USA. El tapiz de la pared le da un toque exótico a la atmósfera.

English library with walnut furniture, green decorations and Scottish accents.

Biblioteca inglesa con muebles de nogal, decorada en verde, con acentos de cuadros escoceses.

Game room with a decidedly English influence and assorted Hindu accents.

Sala de juego diseñada con influencia inglesa y acentos hindúes.

Formal room in white
with yellow accents.
The sofa and chairs are
upholstered in chenille.

*Sala formal en blanco
con acentos amarillos.
El sofá y las sillas están
tapizados en chenille.*

An ambient Art Déco space with contrasting
black and gold elements.

*Espacio diseñado con ambiente Art Déco, en fuerte
contraste de negro y dorado.*

Hurtado USA's Trianon bedroom,
designed by Alfredo Brito and shown in
a pergamine finish.

*Juego de dormitorio de la línea de muebles
Trianón, diseñada por Alfredo Brito para la firma
Hurtado USA, con novedoso acabado "pergamino".*

The white silk sofa contrasts with the ancient Chinese furniture seen in this conversational setting.

El sofá blanco de seda contrasta con los muebles chinos antiguos, en esta área de conversación.

Carole Korn

Carole Korn has been designing magnificent homes in Florida and elsewhere throughout the world during a design career that spans more than 30 years. She is often asked to design multiple residences in different countries for the same clients. Working with other designers and architects in her office, Korn finds producing color renderings of key areas to be a valuable tool that enables her clients to visualize what their completed homes will look like.

Korn was among the first designers to be qualified by the National Interior Design Qualification Board and one of the first to be licensed by the State of Florida. Carole Korn Interiors has been awarded many significant interior design awards, including an A.S.I.D. Design Excellence Award. In 1999 Carole Korn Interiors received a Grand Aurora Award for interior design at a conference of builders from the 14 southeastern states in the U.S.

Carole Korn ha diseñando *maravillosas casas en la Florida, en otras partes de Estados Unidos y a través del mundo durante 30 años que lleva desempeñando su carrera. Y en muchos casos es invitada por sus clientes a diseñarles sus casas en diferentes países. Trabajando con los diseñadores y los arquitectos en su oficina, Carole Korn crea diseños en color de importantes áreas de la casa que esté creando en cada momento, para que su cliente pueda visualizar cómo se verá terminada.*
Korn fue uno de los primeros diseñadores calificados por el National Interior Design Qualification Board y uno de los primeros diseñadores licenciados por el estado de la Florida. La firma Carole Korn Interiors ha sido premiada numerosas veces. Entre los galardones obtenidos se encuentra el Premio a la Excelencia en el Diseño de la A.S.I.D.. En 1999 Carole Korn Interiors recibió el Gran Premio Aurora al diseño de interiores en la conferencia de constructores de 14 estados de los Estados Unidos.

Right: Built-in niches surrounding a custom fireplace and a coffered ceiling provide a backdrop for the colorful floral decor in this master bedroom.
Below: The fabrics and traditional furnishings create a warm, cheerful atmosphere in this bedroom.

Derecha: *En el dormitorio principal y como fondo de la decoración floral, se crearon nichos alrededor de la chimenea, que se construyó a la medida. Además, se hizo un bello artesonado en el techo.*
Abajo: *Las telas y los muebles de estilo tradicional crean un cálido ambiente en este dormitorio.*

Carole Korn Interiors
622 Banyan Trail
Boca Ratón, FL 33431
Tel. 561/997 2888 **Fax** 561/997 2297

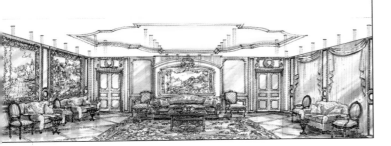

Designed for receiving friends and
dignitaries, this traditional room is as
impressive as it is comfortable.

*Un salón estilo tradicional, cómodo y atractivo,
diseñado para recibir amigos y personalidades.*

Designed for formal dining, the large
dining table is actually four pedestal tables that
can be used as shown or separated for more
intimate affairs.

*La amplia mesa del comedor tiene cuatro
pedestales que pueden ser usados independientemente
para una cena más íntima, formando
mesas más pequeñas.*

Hand-carved mahogany mantel and walls enhance the warmth of this den.

La calidez de esta sala está dada por las paredes y por la repisa de la chimenea, que son de caoba tallada a mano.

The living room in this penthouse apartment was designed to welcome family and friends.

La sala de este penthouse se creó para recibir a la familia y a los amigos.

The designer imported this special stone fireplace from Mexico to complement the decor of this master bedroom.

Para que sirviera de complemento a la decoración de este dormitorio principal, la diseñadora importó de México una chimenea exclusiva, de piedra .

Carole Korn utilizes a series of soaring arches to architecturally embellish this elegant living room.

Para esta elegante sala, Carole Korn creó una serie de arcos muy altos como elementos arquitectónicos .

Opulent fabrics create a luxurious master bedroom.

Las ricas telas usadas en este dormitorio le dan un aspecto lujoso.

An Oriental rug and French tapestry complement the classic furnishings in this living room.

Una alfombra oriental y un tapiz francés sirven de complemento a los muebles clásicos de esta sala.

Gold marble stars in the saturnia floor reflect the stars in the sky and city lights below this 46th-floor penthouse.

Carole Korn diseñó el piso pulido Saturnia con estrellas doradas para que se reflejen las estrellas del cielo y las luces de la ciudad que se ven desde este penthouse situado en un piso 46.

A cheerful breakfast nook with comfortable furnishings provides a pleasant environment to start the day.

En este alegre rincón para desayunar, el lugar ideal para comenzar el día, se han colocado muebles muy cómodos.

Oak cabinetry and millwork define this cozy sitting area.

Una biblioteca hecha con madera de roble define el ambiente íntimo de esta área de conversación.

DESIGN 2000

Chip du Pont & Toni O'Neil

Chip du Pont, with degrees in both Interior Design and Business Administration, discusses design-related topics during his frequent appearances before a wide-ranging array of audiences. He also continues to serve as an "on air" authority on decor for a national television program. Toni O'Neil, his fellow founding principal of their award-winning and widely published concern, has an enviable reputation for exceptional design in multiple disciplines.

DuPont-O'Neil & Associates –with offices in Florida and Latin America– provides comprehensive architectural, space planning and interior design services to enrich discriminating residential clients throughout the Western Hemisphere and Europe. "Our intent and achievement is to work with every client, from conception to completion, in a manner that is efficient and responsive to the need of that individual client."

Chip du Pont, con títulos en *Diseño de Interiores y Administración de Empresas, ofrece charlas de tópicos relacionados con el diseño en sus frecuentes comparecencias ante grandes audiencias. Y continúa en el aire en un programa nacional de televisión, en el que se presenta como una autoridad en decoración. Toni O'Neil, su principal socia, ganadora de numerosos premios, cuyos trabajos han sido publicados en muchas revistas, se ha ganado una envidiable reputación por sus excepcionales diseños en múltiples disciplinas.*

DuPont-O'Neil & Associates -con oficinas en la Florida y Latinoamérica- ofrece servicio completo de Arquitectura, planificación de espacios y diseño de interiores, trabajos que pueden apreciarse en las múltiples obras residenciales realizadas a sus clientes en el Hemisferio Occidental y en Europa. "Nuestro objetivo y nuestro éxito están en trabajar con cada cliente, desde que se concibe el proyecto, hasta su terminación, de forma que se satisfagan las necesidades de cada uno".

Right: The eclectic mix of furnishings imbues this master bedroom with an exotic aura that centers on the iron sleigh bed and antique prayer chest.

Derecha: *La mezcla ecléctica de muebles envuelve este dormitorio principal con una atmósfera exótica que tiene como centro la cama de hierro y una cajonera antigua de iglesia.*

DUPONT-O'NEIL & ASSOCIATES
1191 E. Newport Center Dr./Penthouse C
Deerfield Beach, FL 33442
Tel 954/428 9200 **Fax** 954/428 6003
E-Mail doadesign@aol.com

This living space was designed for intimate conversation. The chaises, DuPont-O'Neil originals, are rich with suede and tapestry pillows that blend with the custom sisal area rug.

Esta sala está diseñada para conversar íntimamente. Los lujosos chaise longues, creados expresamente por DuPont-O'Neil, se tapizaron con piel. Y los cojines en tela que combina con la alfombra sisal hecha a la medida.

The contemporary sinuous lines of the custom vanity contrast with the deeply carved, gilded mirrors while the gold drawer pulls encrusted with tiny rhinestones add a mystical touch.

Las sinuosas líneas de este tocador hecho a la medida actúan en contraste con el espejo dorado, profundamente tallado. Los tiradores de los cajones tienen incrustadas pequeñas piedras preciosas, un detalle un tanto místico.

This intimate living room owes its dramatic look to the bold use of color and a vivid Ed Mell oil painting. The MacKenzie-Childs ottoman with festive ceramic legs adds a whimsical touch.

Esta sala íntima debe su dramática apariencia al atrevido uso del color y a la brillante pintura al óleo de Ed Mell. La otomana MacKenzie tiene atractivas patas de cerámica, detalle que le añade un toque caprichoso al mueble.

The rich deep blues, soft beiges and traditional furnishings create a suitable mood for elegant dining. Fine china, choice crystal, heirloom silver and candle light complete the ambience.

La riqueza del azul profundo, los suaves beiges y el estilo tradicional de los muebles conforman la atmósfera de este elegante comedor. Completan el ambiente la fina vajilla, la cristalería, la plata y las velas encendidas.

This custom kitchen with its European flair is as charming as it is functional.

Esta cocina diseñada a la medida, con acentos europeos, es encantadora y funcional.

The casual elegance of this sitting area is defined by a coffered ceiling. Its soft texture and color permit the vibrant details of the painting to become a principal element.

La elegancia casual de esta área de reunión está determinada por el artesonado del techo. La textura y el color del sofá permiten que los detalles de la pintura se destaquen como elementos principales.

Lightly furnished with a glass-covered jardiniére and custom steel chairs, this casual setting blends with the pool and an orchard beyond.

Este saloncito se integra con el área de la piscina y el huerto contiguo. Tiene muebles ligeros, mesa con tapa de cristal y sillas de acero hechas a la medida.

Sleek contemporary design, from bleached maple floors to the cantilevered marble cocktail table harmonize with the modern architecture.

El diseño contemporáneo, limpio y brillante de los pisos de madera de arce blanqueada y la mesa de centro voladiza, se integran bien a la moderna arquitectura.

The glow of a fireplace built into the custom cabinetry is the focus of a bedroom featuring rich jewel tones and lavish window treatments.

El brillo de la chimenea, que se destaca en esta área, es el foco de atención en este dormitorio, que tiene una atmósfera envuelta en ricas tonalidades de piedras preciosas y cortinas drapeadas.

This contemporary kitchen is propelled from boredom with bold splashes of apple red. An innovative custom breakfast table, while inset into the cabinetry, appears to float above the pristine tile floor.

Esta cocina contemporánea tiene audaces toques de color rojo manzana. La mesa para desayunar, de novedoso diseño, hecha a la medida, está insertada en el gabinete y parece flotar sobre el diáfano piso de mosaicos.

A pleasant yet efficient office encompassing corporate stability in a contemporary idiom.

Una oficina contemporánea diseñada para que el espacio resulte agradable, pero eficiente, y se respire la atmósfera estable de un negocio.

David Lozano

David Lozano graduated with a Bachelor's degree in Business Administration from Instituto Tecnológico y de Estudios Superiores de Monterrey. Not fully satisfied with this achievement, he decided to further his studies and went on to graduate with an Associates of Applied Arts degree in Interior Design, from Bauder Fashion College in Dallas. Always searching for perfection, Lozano then continued his newly-found career at the American College in London, graduating *cum laude* with a Bachelor's degree in interior design. While traveling all over the world, using his camera to document cultural details throughout Europe, Orient, Africa and India searching for design and architectural inspiration. When he returned to Mexico, David Lozano was ready to put into practice his life-long instinct and has become one of the most prestigious and original interior designers in Mexico. Versatile, flexible and perfectionist are three words that best describe David Lozano, who has been distinguished for his originality and simply good taste in classical and contemporary interior and architectural design.

David Lozano se graduó en el *Instituto Tecnológico y de Estudios Superiores de Monterrey, México, donde obtuvo el título de Administración de Empresas. No conforme con este logro, se matriculó en Bauder Fashion College en Dallas, Texas y obtuvo el título de Diseño de Interiores. Siempre buscando la perfección, Lozano inició estudios en The American College en Londres, Inglaterra, recibiéndose con la licenciatura y honores cum laude. A partir de ahí, viajó por todo el mundo con su cámara, fotografiando detalles de la cultura en Europa, Oriente, Africa e India, buscando siempre inspiración. Cuando regresó a México, Lozano puso en práctica su anhelo de toda la vida, llegando a convertirse en uno de los más prestigiosos y originales diseñadores de interiores en México.*
Versátil, flexible y perfeccionista son las palabras que mejor describen a David Lozano, quien siempre se ha distinguido por su originalidad y buen gusto en el diseño arquitectónico y de interiores, tanto clásico como contemporáneo.

Right: An impeccable combination of specially designed furniture arranged atop Tibetan rugs and complemented by exquisite accessories, imported silk draperies frame a fantastic sunset on a typical evening in Monterrey.

Derecha: *Una impecable combinación de muebles diseñados expresamente para esta habitación, colocados sobre una alfombra tibetana, mezclados con los más exquisitos accesorios. Todo enmarcado por cortinas de seda importadas, a través de las cuales se captura la fantástica puesta de sol de una tarde típica de Monterrey.*

DAVID LOZANO INTERIORES
Ave. Vasconcelos #238 Pte. Col. Tampiquito
Garza García, Nuevo León, México CP. 66240
Tel 011 5283/366767 **Fax** 011 5283/366760
E-Mail 10dalo@infosel.net.mx

The main dining room is accentuated by drawn, silk draperies which also frame the magnificent view. The elaborate hand-carved dining table and chairs were custom made and are surmounted by an elegant Thomas Grant chandelier combining Swarvorsky crystal and rose quartz prisms.

El comedor principal se destaca por las cortinas de seda que enmarcan la hermosa vista. La mesa, tallada a mano, y las sillas son diseños exclusivos que muestran la gran elegancia de esta habitación, iluminada por un espléndido chandelier Thomas Grant en el que se combinan cristal Swarvorsky y prismas de cuarzo rosa.

This traditional dining room is well complemented by a warm and simply elegant color scheme. In the background is an original painting by Botero.

El comedor está envuelto en una atmósfera tradicional que combina calidez y elegancia sencillas, con el color de fondo. Aquí aparece una pintura original de Botero.

This eclectic combination of silks and faux-fur throuws, accentuate a living room which boasts a collection of art including originals paintings by Picasso, Miro, Dali, Siqueiros y Cortazar.

La combinación ecléctica de sedas y piel de animal imitada, muestra la atmósfera de esta sala donde se destaca una colección de arte que incluye obras originales de Picasso, Miró, Dalí, Siqueiros y Cortázar.

This formal living area is enhanced by special classic-styled accents. The sofas were designed by Lozano.

Esta sala formal está envuelta en un ambiente tradicionalista con detalles clásicos. Los sofás fueron diseñados por Lozano.

The master bedroom of this residence leans towards the client's more romantic character. The furniture is antique French. Lozano designed the bedwear.

El dormitorio principal muestra el sentimiento romántico de los clientes. La cama es un mueble antiguo francés. El ajuar de cama fue diseñado por Lozano.

The dining table, designed by Lozano, combines wood, with carved stone lions and a criss-cross base and glass.
The mirror reflects a classical painting of a classical urn.

La mesa, diseñada por Lozano, es de madera con una base de leones tallados en piedra con detalle en criss-cross que se puede apreciar a través de la tapa de cristal. En el espejo se ve reflejada una pintura clásica.

The master bedroom furniture, designed by Lozano, instills a feeling of freshness and simplicity found throughout this residence. The bedroom is also uniquely illuminated by soft lighting that can be controlled by dimmers.

El dormitorio principal está diseñado por Lozano y mantiene el mismo ambiente de frescura y sencillez que hay en toda la casa. Esta habitación está iluminada solamente por una luz suave que se controla por medio de reductores de luz.

This fresh, classical-style formal living room displays a very simple elegance. The fresco of Boticelli's Venus was painted especially for this room.

Esta elegante sala formal es de un estilo clásico. Se hizo una copia de la Venus de Boticelli, que fue pintada expresamente para esta habitación.

The bar area was especially important to Lozano's client, as it is the room where most of his entertaining takes place. He designed all of the furniture for this client. The painting over the sofa is an original by Gabriela Villarreal.

El área del bar fue muy importante para el cliente de Lozano, porque es su lugar de esparcimiento. Aquí, todos los muebles fueron diseñados por él para su cliente. La pintura que cuelga detrás del sofá es una obra original de Gabriela Villarreal.

Lozano "lets loose" in this contemporary design of his own home whose furniture, ceilings and lighting schemes were all his original creations. This living room illustrates the designer's flair for style.

Lozano da rienda suelta a su imaginación en este diseño contemporáneo de su propia casa, donde todos los muebles, techos y luces son sus creaciones. La sala muestra el estilo característico del diseñador.

The walls of the master bedroom are upholstered in faux-leather. A bed set combining silk, brocade and velvet, also Lozano's design, was inspired by a painting by Tamara de Lempika.

Las paredes del dormitorio principal fueron tapizadas con material que imita piel. La combinación de seda, brocado y terciopelo de la ropa de cama fue creada por Lozano inspirada por un cuadro de Tamara de Lempika.

The formal dining room table and chairs were also designed by Lozano, while the chandelier is from George Kovacs.

La mesa y las sillas de este comedor formal son también diseño de Lozano. Sobre la mesa hay un chandelier de George Kovacs.

Dianne Joyce

The Dianne Joyce Design Company is a full service interior design firm. Formed in 1978, its work has achieved national recognition through numerous publications and awards.

A full complement of interior architects, designers, draftspeople, production and support personnel share a common design language and dedication to excellence. This has allowed the firm to build a solid base of ongoing work for prestigious clients like Disney Development, Prudential, Sandals Resorts, Codina Bush Group, Hyatt Corporation, Banco Popular, Island Outpost and others.

Believing in a "team approach", they combine the talents of their designers with the finest contractors and consultants to secure the very best efforts. "Our philosophy requires that, before drawing a single line, we first learn the client's needs, objectives and financial expectations."

Right: In this South Florida residence, the "giallo antico" marble fireplace is the main focus of a cozy living room.

Derecha: *acogedora sala de una residencia del Sur de la Florida, cuyo punto focal es la chimenea de mármol "amarillo antiguo".*

Dianne Joyce Design Company es una *firma que brinda servicio completo de diseño de interiores. Creada en 1978, su trabajo ha sido reconocido nacionalmente a través de numerosas publicaciones y premios. Su equipo completo integrado por arquitectos, diseñadores, artesanos y personal de apoyo y produccion comparte un lenguaje común de creación y una entrega absoluta al trabajo de la mejor calidad. Esto le ha permitido a la firma crear una sólida base para realizar un trabajo continuo con clientes como Disney Development, Prudential, Sandals Resorts, Codina Bush Group, Hyatt Corporation, Banco Popular, Island Outpost y otros prestigiosos grupos. Apoyada en la homogeneidad del equipo, la empresa ha combinado el talento de sus diseñadores con expertos contratistas y asesores para asegurar los mejores resultados. "Nuestra filosofía se basa en conocer las necesidades del cliente, sus objetivos y expectativas financieras, antes de trazar una sola línea del proyecto".*

DIANNE JOYCE DESIGN COMPANY
3700 Park Avenue,
Coconut Grove, FL 33133
Tel 305/740 9449 **Fax** 305/740 0730
E-Mail joycegroup@aol.com

Billiard Room. The combination of various
materials -rich wood tones of the wainscot,
window treatments and furnishings, black
granite present in the bar and fireplace and
jewel tones in the Oriental rugs and other
fabrics- make this den both casual and elegant.

*La combinación de varios materiales: maderas con
riquezas tonales en los revestimientos, cortinas
y muebles, granito negro en el bar y la chimenea,
tonalidades de piedras preciosas en las alfombras
orientales y otras telas, conforman un estilo
casual-elegante en esta sala de billar.*

Richardson Media Room. The contrast between
the aged rustic timbers on the ceiling, the
comfort of the custom suede sofa with the high
technology of the audio-video equipment
combines to make this space enjoyable.

*Salón de entretenimiento de la familia Richardson.
El contraste entre las antiguas maderas rústicas del
techo y la comodidad del sofá de gamuza hecho
a la medida, con la alta tecnología en los equipos de
audio y vídeo, crea un espacio muy agradable.*

Richardson Bedroom. The custom hand-carved wooden bed, golden textured walls and woven accent pieces bring "a taste of the islands" to this bedroom.

Dormitorio de la familia Richardson. La cama de madera tallada, construida a la medida, la textura dorada de las paredes y los detalles, le aportan a esta habitación la atmósfera típica de las islas.

Ostreicher Foyer. In order to create an entry /foyer, a procession of columns and floor medallions were employed to separate this space from the rest of the open plan. Custom water-jet medallions on the floor begin with a small, simple design in the elevator foyer and develop little by little until achieving ultimate grandeur.

Vestíbulo de la familia Ostreicher. Para separar esta área del resto de los espacios abiertos, se crearon pisos de medallón y una serie de columnas. Los diseños del suelo, hechos con agua a fuerte presión, son pequeños en el ascensor y van aumentando hasta llegar a convertirse en obras grandiosas.

Ostreicher Dining Room.
Our services included
purchasing everything
from the fine antique
accesories to the silverware
and place settings.

Comedor de los Ostreicher.
El servicio de Dianne Joyce
Design Company incluyó la
compra de todo, desde los finos
accesorios antiguos hasta la
vajilla de plata y los muebles.

Ostreicher Sitting Room.
Placement of an
impressive collection of
Latin American artists
acquired for this client
was an integral part of the
design process.

Sala de estar.
La diseñadora adquirió una
impresionante colección de arte
latinoamericano para estos
clientes. La colocación de
las obras fue parte integral
del proceso de diseño.

Ostreicher Dressing Hallway. Custom wood paneling cleverly conceals closet doors and hidden compartments in this narrow, yet inviting dressing area.

Pasillo que conduce al cuarto vestidor de los Ostreicher. Los paneles de madera colocados ingeniosamente enmascaran las puertas del armario y los altos compartimientos en esta estrecha, pero atractiva área.

Detail of the vanity in the dressing area.

Detalle del tocador en el cuarto vestidor.

Firehouse Four Restaurant Cigar Lounge. Wooden coffered ceilings feature French iron chandeliers emit a glowing amber light. Tobacco-textured walls feature original sepia-toned "cigar" photography.

Salón para fumar del restaurante Firehouse Four. Los techos cubiertos con madera tienen candelabros franceses de hierro, que producen una luz brillante, ámbar. En las paredes, que tienen tonalidades tabaco, puede verse una antigua fotografía con un tema relacionado con el tabaco y con el original color sepia.

Detail of a Japanese-Style suite at the Nikko Hotel.

Detalle de una suite de estilo japonés en el hotel Nikko.

Detail of the main lobby at the Nikko Hotel.

Detalle del vestíbulo principal del hotel Nikko.

Eduardo Lora Bermúdez

Right: The architecture of this residence in Santo Domingo is inspired by the plantation houses of the Caribbean with both neo-classical and European influences. It is considered one of the most impressive houses in this country.

Derecha: *Su arquitectura está inspirada en casas de plantaciones del Caribe de influencia neoclásica y europea. Esta residencia está considerada una de las más impresionantes del país.*

Eduardo Lora Bermúdez is a Dominican architect with a post-graduate degree from London's Architectural Association and owner of the largest stained glass studio in Santo Domingo. With 23 years of experience, he has completed several sizeable hotel and commercial projects, but the large residences are his specialty, especially enormous mansions with a profusion of architectural details. While respecting traditional and classic elements, he has developed a style of his own, influenced by Caribbean and Eastern architecture. As a traveler who has travelled widely, he appreciates curiosities, collectibles and antiques. His projects also achieve wonderful effects with lights and shadows. Spaces decorated by him reflect simplicity and elegance.

Eduardo Lora Bermúdez es un *arquitecto dominicano con posgrado obtenido en la Architectural Association de Londres y propietario del mayor estudio de vitrales en Santo Domingo. Con 23 años de experiencia, ha realizado muchos proyectos hoteleros y comerciales, pero las grandes residencias son sus obras más conocidas y su especialidad son las mansiones de gran tamaño con profusión de detalles.*
Dotado de una gran sensibilidad por los elementos clásicos y tradicionales, ha logrado desarrollar un estilo propio, influenciado por la arquitectura oriental y caribeña. Como viajero que ha realizado grandes aventuras y amante de las colecciones, aprecia las piezas antiguas y curiosas. En sus proyectos logra maravillosos efectos con las luces y las sombras. Los espacios que ha decorado reflejan sencillez y elegancia.

LORA BERMUDEZ & ASOCS.
Calle Francisco Prats Ramírez #151
Ens. Piantini, frente a Plaza Central
Santo Domingo, República Dominicana
Tel 809/562 2701 • 809/565 5165 **Fax** 809/541 7687
E Mail lora.bermudez@codetel.net.do

The terrace adjacent and open to the garden is perhaps the most pleasant aspect of this tropical residence.

La terraza abierta al jardín es el espacio más agradable de esta residencia tropical.

The Espinal Baez residence belongs to a prominent attorney who lives in the northern coast of the Dominican Republic. Its large, overhanging tiled eaves protect the house from the intensity of the tropical sun.

La residencia Espinal Báez pertenece a un joven y prominente abogado radicado en la costa Norte de la República Dominicana. Sus grandes aleros de tejas protegen la casa de los intensos rayos solares del trópico, logrando espacios frescos y cómodos.

The rural Brache Alvarez residence was remodeled to incorporate Moroccan-style elements. Its broad terrace overlooks the family's dairy estate.

Residencia de la familia Brache Alvarez. Esta casa campestre fue remodelada, incorporando elementos de estilo marroquí. Desde su amplia terraza se disfruta de un fascinante panorama de la hacienda lechera de la familia.

The tri-level Lama Capellan residence has wide panoramic views of the city of Santiago de los Caballeros. Its exterior is a local terracotta, constructed in the Dominican Colonial tradition. Doors and windows were hand-crafted of mahogany.

Desde esta residencia en 3 niveles, se descubren amplias vistas panorámicas de la ciudad de Santiago de los Caballeros. El revestimiento exterior es de terracota local, siguiendo la tradición colonial dominicana. Las puertas y ventanas están confeccionadas a mano en caoba centenaria.

Brache Alvarez Ranch. The dining room of this residence accommodates 18 guests seated in a relatively rustic style table.

Casa de campo de los Brache Alvarez. El comedor de esta residencia reúne 18 comensales en la mesa, que es de estilo rústico.

All of the social areas of the Lama Capellan residence access this interior courtyard, whose domed skylight allows natural light to penetrate.

Todas las áreas sociales de la residencia de Lama Capellán están distribuidas alrededor de este patio interior, coronado por una cúpula de vitrales por donde penetra la luz natural.

This red salon harbors antiques, heirlooms and mementos from trips taken by the family.

El salón rojo alberga las antigüedades y los recuerdos de viajes de la familia.

The principal entry is a triple-height space whose walls are covered by ceramics, mahogany and stained-glass windows. In the ceiling, a dome of Oriental influence illuminates the staircase of the Brache Alvarez ranch.

La entrada principal es un espacio de triple altura con paredes revestidas de cerámica, caoba y vitrales. En el techo, la cúpula de diseño oriental ilumina la escalera de la casa de campo de los Brache Alvarez.

The interior of this apartment in Santo Domingo, originally decorated in the 1970's, was updated as a warm and cozy space. Stucco moldings are covered in paint and the walls of crude silk. The walnut wood floor is partially covered with Oriental carpets.

El interior de este apartamento, originalmente decorado en los años 70, fue transformado en un espacio acogedor y cálido. Los plafones y molduras de estuco están patinados en óleo y las paredes revestidas de seda cruda. El piso, en madera de nogal, está parcialmente cubierto con alfombras orientales.

The kitchen, decorated in refreshing tones, is a casual meeting point for this family.

La cocina, decorada en tonos refrescantes, es el punto de reunión informal de la familia.

DESIGN 2000

Felix A. Achenbach, III

Right: In this small English cottage filled with the proper antiques from several periods, the designer paired a magnificent Chippendale Revival carved mahogany bookcase with John Gould 18th century prints, English and South American silver, 18th century European and Oriental porcelain and Japanese woven silk.

Derecha: *Una pequeña casa de campo inglesa fue decorada con las antigüedades apropiadas que el estilo pide. El diseñador supo acomodar una magnífica biblioteca americana con grabados del siglo XVIII de John Gould, platería inglesa y colonial sudamericana, porcelana europea y oriental del siglo XVIII y finos tejidos de seda japonesa.*

From a very young age, Felix Achenbach showed a unique talent for creating welcoming, elegant and liveable spaces that delight the eye and soothe the spirit. When he opened his first showroom in Argentina in 1969, it became clear that his extensive training in interior design and his special gift for creating unusual color effects would result in a reputation for excellence in both residential and commercial environments for clients from Buenos Aires to Miami, Palm Beach and New York to Madrid.

Achenbach has the skill to pinpoint his clients' dreams as well as their practical requirements and for working with his clients to make it all come true while staying within both deadlines and budget stipulations.

One result is the look of an established English country house with a discrete air of "inherited" and unstudied luxury achieved after years of careful collecting. He is also celebrated for designing rich contemporary settings and commercial spaces.

Desde muy joven, Félix Achenbach *mostró un talento especial para crear ambientes cálidos y elegantes que deleitan la vista y tranquilizan el espíritu. Cuando abrió su primer showroom en Argentina, en 1969, ya era evidente que su formación como diseñador de interiores y un don especial para crear inusuales combinaciones de color le harían merecedor de una excelente reputación en los campos de la decoración residencial y comercial. Enseguida se comprobó con una amplia lista de clientes en Buenos Aires, Miami, Palm Beach, Nueva York y Madrid.*

Achenbach posee, además, la sensibilidad para reconocer los deseos de sus clientes y sus requerimientos prácticos. Trabajando en conjunto con ellos convierte en realidad ese sueño llamado proyecto de decoración. De su labor creativa surgen ambientes clásicos y elegantes que proyectan un discreto aire lujoso con muebles y objetos coleccionados a través del tiempo. Achenbach también se ha destacado por sus interiores contemporáneos y sus locales comerciales.

FELIX A. ACHENBACH, III
1701 Coral Gate Drive • Miami, FL 33145
Tel 305/446 5180   **Fax** 305/445 7292
E-Mail designfaa@aol.com
www.felixachenbachdesign.com

The Venetian mirror ha[...]g
in the dining room refle[...]
table set for a sunset sup[...]
in Miami. The fiery man[...]
chinoiserie brocade on t[...]
Louis XV chairs pleasingl[...]
combined with a silk plai[...]
while being subdued by
cooling sage green walls.
Blue and white
old English china.

En el espejo veneciano que cuelg[...]
en el comedor se refleja una me[...]
puesta para una romántica
comida al atardecer en Miami.
El brillante brocado chinesco de
las sillas Luis XV fue combinado
con una seda escocesa
e inteligentemente refrescado por
el color verde salvia en las
paredes. Colección de porcelana
inglesa antigua azul y blanca.

A Georgian rosewood secretary in its original 1724 condition,
displays family heirlooms and is flanked by Chinese ancestors portraits
painted on silk, Federal armchairs and one of a pair of unique
Edo period silk panels embroidered in gold thread.

El secreter del período Georgiano, conservado en perfectas condiciones desde el año 1724,
está rodeado por pinturas sobre seda de retratos de ancestros chinos, sillas federales y uno de
los dos paneles japoneses bordados en hilos de oro sobre seda del período Edo.

Detail of the bookcase with tortoiseshell doors, filled with family heirlooms,
17th and 18th century South American religious figurines and silver. European
porcelain blends with a Japanese 19th century obi draping the cabinet.

Biblioteca engalanada por objetos de familia, figuras religiosas y platería sudamericana
de los siglos XVII y XVIII donde la porcelana europea logra amalgamarse. Un "Obi" japonés del
siglo XIX cubre el gabinete cuyas puertas reflejan el diseño del carey.

The old veneered and hand-decorated bedside tables and headboard add character to the mustard-colored guest room. The bed is dressed with crisp linens partially shielded by an embroidered European silk coverlet.

Las antiguas mesas de noche y la cabecera de la cama decoradas a mano dan carácter al cuarto de huéspedes de paredes color mostaza. La cama vestida con linos irlandeses está parcialmente cubierta por un antiguo cubrecama de seda bordada.

Close up showing the veneered and hand painted furniture and the rich combination of patterns, color and objects.

Primer plano mostrando el mobiliario de madera con incrustaciones y pintado a mano. También se aprecia la yuxtaposición de diversos diseños, colores y objetos decorativos.

Master bedroom with a collection of European 17th through 19th century prints and hand-painted Minton dishes portraying Central American landscapes. The furniture maintains the English theme with a Georgian armoire and faux-bamboo bed.

Esta recámara reúne una colección de grabados de los siglos XVII al XIX con platos de porcelana Minton pintados a mano con paisajes de América Central. El mobiliario combina un armario Georgian con cama de madera imitando bambú.

A mirrored wall partially reflects the hand-painted stripes on the bedroom walls. A magnificent crotch mahogany Georgian-style cabinet conceals an entertainment center.

En la pared de espejo se reflejan deliberadamente las otras paredes pintadas a rayas. El magnífico gabinete ejecutado en pluma de caoba oculta el centro de video y sonido.

A dining room with hand-carved
mirror depicts four moons, a glass-topped
Swedish made table and chairs
of bent ebonized wood.

*Este comedor muestra un espejo con marco de
cristal tallado con el tema de las cuatro lunas,
sobre una mesa de cristal de diseño sueco y sillas
hechas de madera negra curvada a mano.*

Private residence in Aventura, Florida, for a
couple who loves contemporary settings.
The drawing room, adjacent to a golf
course, combines primary colors in the
richest fabrics with Murano glass objects.

*Esta residencia privada, localizada en el área de
Aventura, Florida, fue decorada para una
pareja que adora los ambientes
contemporáneos. En ella hay un gran salón que
mezcla los colores primarios en ricas telas con
accesorios de cristal de Murano.*

This kitchen at a 1949 estate on DiLido Island off Miami Beach demonstrates the designer's versatility by combining cabinets in an exquisite celadon green lacquer with handmade tile opposed to black granite countertops.

Esta cocina de una residencia construida en 1949 en la elegante isla DiLido, en Miami Beach, muestra la versatilidad del diseñador para combinar gabinetes laqueados en una tonalidad del verde con mayólica hecha a mano y mostradores de granito negro.

Attached to the kitchen is this breakfast area showcasing a private collection of Warren Plattner 1969 chairs gathered around a contemporary Italian Table.

Conjunta a la cocina apreciamos esta área de desayuno que resplandece con una colección de sillas diseñadas por Warren Plattner en 1969 y que combinan amablemente con una mesa contemporánea italiana.

Frederico Azevedo

Frederico Azevedo defines his work as follows: "It's a modern concept in that everything flows and is interconnected. The challenge is to keep the spaces open, while still providing interest and a diversity of zones."
Azevedo's work has been published nationally and internationally in both architectural and landscape publications. Photographs of his gardens were part of an exhibition at the Leo Castelli Gallery in New York City. The readers of Dan's Papers, a popular Hamptons, New York publication, named him "The Best Landscape Designer in the Hamptons." In this project, tall hedges outline the property and block undesired views of surrounding homes. Undulating flowerbeds at the base of the hedges keep the rectangular property from feeling boxed in. Mature trees form axes to organize the space, while stone patios, pots, metal sculptures and pools provide additional interest. It is truly the perfect garden party venue.

Right: Perennial and herbal garden by a blue stone patio. Cement pots contain evergreen topiaries.

Derecha: *Plantas que florecen todo el año adornan este patio de "blue stone". En las macetas de cemento pueden verse los topiarios, siempre verdes.*

Así define Frederico Azevedo su *trabajo: "Es un concepto moderno en el cual todo fluye y se interconecta. El reto es mantener los espacios abiertos con diversas áreas, cada una con su atractivo particular". El trabajo de Frederico Azevedo ha sido reconocido nacional e internacionalmente. Las fotografías de sus obras fueron exhibidas en una exposición presentada en la galería Leo Castelli, de Nueva York. Los lectores de Dan's Papers, publicación neoyorquina de Hamptons, nombraron a Azevedo "El mejor paisajista de Hamptons".*
En el proyecto que se presenta en estas páginas, la propiedad está rodeada de altos setos, en cuya base se crearon canteros ondulantes que mantienen una forma rectangular, llenos de flores diferentes, pero de un mismo color, que enriquecen el paisaje. Por otro lado, los árboles ayudan a organizar el espacio, mientras patios de piedra, macetas, esculturas de metal y piscinas le añaden interés adicional. Es un bello escenario.

UNLIMITED EARTH CARE, INC.
24 Franklin Avenue. P.O. Box 3178
Sag Harbor, New York 11963
Tel/Fax 516/725 7551 www.unlimitedearth.com
E-Mail: info@mail.unlimitedearth.com

Dramatic blue stone patio surrounded by
herbal, perennial and vegetable gardens.

*El espectacular patio de "blue stone" está rodeado
de hierbas aromáticas y hortalizas.*

Adirondack chairs
on the blue stone
patio. White vine
tower is the focal
point of this garden.

*Sillas "adirondack"
decoran el patio de "blue
stone". La torre para que
suban las enredaderas
es el punto focal
de este jardín.*

An English cottage
perennial border
employing flowers of
different colors,
heights and textures
to suggest movement.

*Aquí se hizo un cantero,
con flores de diferentes
colores, alturas y
texturas, para darle
movimiento al jardín.*

Perennial border in bright colors at the base of a California privet hedge used to outline the property.

En la base de un seto de aleña California, se hizo un cantero de plantas que florecen todo el año en brillantes colores.

Formal perennial border containing flowers of multiple shades of the same color to create a sophisticated look.

Flores de múltiples tonalidades crean una apariencia sofisticada en un cantero de estilo formal.

View of different garden areas and a line of lush rosebushes that creates the graceful transition between lawn and deck.

Vista de diferentes áreas del jardín y una hilera de exuberantes rosales que producen una agradable transición entre la hierba y el área del portal.

Clay pots in cottage garden style and a graceful metal sculpture of a goose embellish the wooden deck steps.

Macetas de barro en estilo cottage garden y una escultura de ganso en metal, se aprecian en las escaleras que comunican con una plataforma de madera.

Circle of flowers around mature trees planted in axes to organize spaces.

Varios círculos de flores rodean los árboles para organizar los espacios naturales.

Color theme garden. Purple perennials planted in this garden add drama to the landscape.

El color se ha tomado como tema para este jardín. Por eso, se plantaron flores púrpura, para añadirles mayor atractivo a muchas de las áreas.

Gardens and lawn give the illusion of a pastoral countryside.

Los jardines y el césped crean una ilusión campestre.

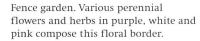

Fence garden. Various perennial flowers and herbs in purple, white and pink compose this floral border.

Fence garden. Variedad de plantas que florecen todo el año y hierbas aromáticas en púrpura, blanco y rosado, componen este florido cantero.

DESIGN 2000

Gisela
Morales
Martín

In 1981, Gisela Martín graduated from
Florida International University with a
Bachelor's degree in Interior Design.
Inmediately upon graduation, she
commenced her career as an in-house
designer with a local architectural firm
where she developed her own personal
style. Due to that architectural influence,
she gained a specific design philosophy.
Martin prefers her designs to be
symmetrical and simple in form. After
obtaining experience and professional
growth, she ventured out on her own and,
in 1990, she established a separate design
firm. In her practice, she uses her own
distinct style to bring interest, grace and
harmony to every space she designs. Each
project has a look and character all its own.
Due to her knowledge and experience, she
has built strong relationships, handling
every client personally.

En 1981, Gisela Martín se graduó en *la
Universidad Internacional de la Florida donde
recibió el título de Diseño de Interiores.
Inmediatamente después de su graduación,
comenzó su carrera en una firma local dedicada
a la arquitectura, un hecho que definió su
filosofía en el diseño. Y descubrió que prefería que
sus diseños fueran simétricos y sencillos en su
forma. Como allí adquirió experiencia y creció
profesionalmente, pensó que debía
aventurarse en un negocio por su propia
cuenta. Y eso fue lo que hizo en 1990.
Gisela Martín le aporta interés, gracia y
armonía a cada espacio que diseña. En
cada proyecto que asume, todo tiene una
imagen y un carácter propios. Debido a
sus conocimientos y amplia experiencia,
Martín ha adquirido sólidas relaciones
con sus clientes. Y esa comunicación se ha
estrechado debido a que ella atiende
particularmente a cada cliente.*

GISELA MARTIN & ASSOCIATES
2701 Le Jeune Road, Suite 328
Coral Gables, FL 33134
Tel 305/448 9943   **Fax** 305/448 0334

The lofty, soaring
ceiling and windows
are gracefully draped
to soften the height
and seemingly anchor
these to the
living room furniture.

*Al elevado techo y a
las ventanas se les han
colocado drapeados para
suavizar la altura y,
aparentemente,
integrarlos más a los
muebles de la sala.*

The massive scale of the marble-topped table is minimized by using upholstered dining chairs. The drapes are soft and neutral to properly adorn the window.

El gran tamaño de la mesa de mármol del comedor parece reducirse al lado de las sillas tapizadas. Los drapeados que adornan los amplios ventanales son de géneros suaves y colores neutrales.

Rich, dark wall paneling and emerald silk curtains impart a warm look for this comfortable home office.

Lujosos y oscuros paneles en las paredes y cortinas de seda color esmeralda le dan una cálida imagen a esta cómoda oficina en la casa.

A glass partition behind the custom built-in bar divides the billiard and family rooms without obstructing the view.

El tabique de cristal que hay detrás del bar hecho a la medida, sirve de división entre el salón de billar y las salas de estar, pero no interrumpe la vista.

This plumbing showroom needed a high visual impact which was provided by the designer's use of multiple stone columns and archways.

Este salón de exposición de equipos sanitarios necesitaba un gran impacto visual que fue creado por medio de múltiples columnas de piedra con arcos adyacentes.

The scale of the fireplace required a customized mantel which flows into the two flanking built-in library bookshelves. The peninsular shaped desk juts out into the room to create a conference setting.

El tamaño de la chimenea requería una repisa hecha a la medida que fluyera hacia dos libreros que hay en los laterales, y así se hizo. Una mesa en forma de "península" sale de la habitación y crea un área para conferencias.

The marble floor of the grand foyer has a custom designed medallion in its center. The ornate staircase railing is composed of latticework scrolls and features hand-applied gold leaf.

En el centro del piso de mármol del gran vestíbulo hay un medallón hecho a la medida. La elaborada baranda que rodea la escalera es de hierro y chapa dorada trabajada a mano, con formas redondeadas.

The master bedroom is divided by columns and arches to separate
the sitting and sleeping areas.

*El dormitorio principal está dividido por columnas y arcos para crear una separación
entre el área de conversación y el de dormir.*

This family/media room includes furnishings with clean, sophisticated lines, neutral colors with rich accents and understated custom window treatments.

Este salón de entretenimiento incluye muebles de líneas limpias y sofisticadas, colores neutrales con acentos llamativos y cortinas discretas en las ventanas, diseñadas con telas lujosas.

The original wood paneling of Florida cypress wood was deteriorated. It was first restored, and glass shelves and lighting were added to embellish and create a serviceable wall unit.

Los paneles originales de madera de ciprés de la Florida se deterioraron. La restauración se hizo con madera dura. Y se le añadieron estantes de cristal y luces, para embellecer y crear efectos en la unidad de pared.

Gustavo Alberto Lopez S.

Right: The beauty and brilliance of the furnishings in this room were selected with an eclectic criterion, combining classical and contemporary styles.

Derecha: *La belleza y esplendor de los muebles y accesorios de esta sala fueron elegidos con un criterio ecléctico, que conjuga lo clásico con lo contemporáneo.*

Gustavo Alberto López S., architect and interior designer, creates ambiances in accord with his client's expectations, wheter classical or contemporary. He collaborates with his clients to determine the character of each space. As may be appreciated in these pages, the design, color, textures, material and decorative elements are combined to achieve a coordinate harmony in every space. His designs take into account the personal requirements of his clients. Lopez is dedicated to the principle that each detail, even the smallest, is fundamental to a design that can be considered "unique and exclusive".

Gustavo Alberto López S., *arquitecto y decorador de interiores, refleja sus múltiples facetas, creando ambientes acordes con las expectativas de sus clientes, en armónicas decoraciones que cubren desde los estilos clásicos hasta los ultramodernos. Es fundamental en sus trabajos la relación amistosa que establece con sus clientes, para determinar el estilo que le imprime carácter propio a cada espacio. Como se puede apreciar en estas páginas, la coordinación de diseño, color, texturas, materiales y elementos decorativos logra una armonía clásico-contemporánea en cada espacio. Los materiales de sus diseños se escogen teniendo en cuenta las exigencias personales de sus clientes, unidas a las premisas de armonía, estilo y coordinación, aspectos que deben estar presentes en cada rincón que López crea, hasta el más insignificante. Esto es fundamental para que la elaboración de cada proyecto sea único y exclusivo.*

GUSTAVO ALBERTO LOPEZ S. DESIGN
Calle 14 #22-112 Local 3 Edificio La Bohemia
Barrio Los Alamos Pereira,
Pereira-Risaralda, Colombia S.A.
Tel 6/321 5806 3/452 4763 **Fax** 6/321 4689
E-Mail: ellopez@utp.edu.co

Here one may appreciate the contrasting textures, material and colors that dramatize this terrace, creating a casual tropical environment.

Aquí se aprecia un contraste de texturas, materiales y colores que realza la terraza, creando un acogedor ambiente tropical.

The family room was designed to afford comfort and informality without sacrificing the elegance imparted by its decor.

Este salón fue diseñado para dar la sensación de confort e informalidad, sin perder la elegancia que le imprimen los accesorios y los colores empleados.

This dining room was conceived, in both its dimensions and fine furnishings, to create a suitable setting for family gatherings.

El comedor fue concebido, tanto en sus dimensiones como en la selección de los materiales empleados —madera y vitrales—, para crear un sitio de reunión familiar.

A prevailing Empire style employed in this space incorporates colors, wall textures, draperies and other decorative elements.

El estilo Imperio predominante en esta sala incorpora colores, diseños, texturas de paredes, cortinas, tapicería y otros elementos decorativos.

The living room was conceived as a fairly formal, yet comfortable conversational environment.

El salón fue concebido con un ambiente clásico-casual y una sobria disposición del mobiliario, colores y texturas que invitan a una agradable charla cuando alguien visita la casa.

Many elements, textures and colors are coordinated to create this lovely corner of a library.

La gran calidad de diseño, acabados, manejo de texturas y colores se han coordinado para crear este bello rincón de la biblioteca.

Contrasting elements, colors and textures combine to create a unique space, contemporary, yet classic.

El efecto de color que imprime el cuadro del fondo hace gran contraste con los demás elementos, colores y texturas, creando un espacio único, contemporáneo y a la vez clásico.

Lighting, a key element in the decor, enriches this space, calling attention to its architecture and every corner of the room, creating alternative ambiances within the same space.

La iluminación como protagonista en la decoración hace que los espacios se enriquezcan realzando así su arquitectura y cada rincón de la habitación, creando diferentes ambientes en un mismo espacio.

A contemporary environment whose
classical concept harmonizes perfectly with
assorted ethnic details, creating an unique
environment, both harmonious and relaxing.

*Una sala contemporánea donde lo clásico
armoniza perfectamente con lo étnico,
creando un ambiente único, armonioso y relajante,
para quien lo habita.*

Distinctive design and exceptional colors
create an energetic and comfortable
contemporary setting.

*La excelente combinación de diseño y color hace
de este ambiente contemporáneo un rincón lleno de
energía, cómodo, relajante e impactante.*

DESIGN 2000

Jane-Page Crump

Right: High-rise living room takes advantage of the city skyline, while offering functional and sophisticated design for entertaining and video viewing. Motorized elements coordinate the positioning of a 100" screen, the projector, and blackout shades.

Derecha: *En esta lujosa sala que se funde con la vista espectacular de la ciudad, el diseño es funcional y sofisticado, ideal para recibir visitas y ver películas. La instalación eléctrica permite bajar una pantalla de 100", el proyector y las cortinas, que producen una total oscuridad.*

Jane-Page Crump is the President of Jane Page Creative Designs, Inc., a full-service design firm that has been in business over 20 years and specializes in the design of kitchens, bathrooms and media systems, as well as space planning and new home design. She has undergraduate and graduate degrees from the University of Texas and is NCIDQ-certified, a state-licensed interior designer and a member of both the American Society of Interior Designers (ASID) and the International Interior Design Association (IIDA). Crump has received awards and industry recognition for lighting, kitchen, bath and media design. Her work has been published locally and nationally. Crump has an affinity for richness in architectural form and, since every client's needs and wishes are different, she tailors her designs to fit their desires.

Jane-Page Crump es la Presidenta de *Jane Page Creative Designs, Inc., una firma con más de 20 años en el mercado, que brinda servicio completo de diseño. Esta empresa se especializa en la creación de cocinas, baños, sistemas para medios audiovisuales, planificación de espacios y diseño de casas nuevas.*
Jane-Page estudió y se graduó en la Universidad de Texas, en Austin, es certificada NCIDQ, tiene licencia del estado como diseñadora de interiores y es miembro de la American Society of Interior Designers (ASID) y de la International Interior Design Association (IIDA). Ha recibido premios y reconocimientos por su trabajo de iluminación, tanto de cocinas y baños como de salones de entretenimiento. Su trabajo ha sido publicado en revistas locales y nacionales.
Jane-Page siente predilección por las formas arquitectónicas y como la necesidad y el deseo de cada cliente son diferentes, Jane-Page crea diseños especiales para hacer realidad las expectativas de cada uno en particular.

JANE PAGE CREATIVE DESIGNS, INC.
200 Westcott
Houston, TX 77007
Tel 713/803 4999 **Fax** 713/803 4998

120

Upscale powder room vanity features legs of Waterford crystal, and an etched-and-carved crystal sink. The ceiling was washed and stenciled with metallic gold.

Este lujoso baño para visitas tiene un tocador con patas de cristal Waterford y un lavamanos, también de cristal tallado. El techo está decorado con tonalidades en oro.

A dramatic foyer intensified with color, design and lighting. Its walls were washed with a European finish; its copper-domed ceiling with gold.

Impresionante es el vestíbulo de este condominio. En él se logró gran teatralidad a través del color, el diseño y la iluminación, el acabado europeo de las paredes y el techo con bóveda de cobre y detalles en oro.

An elegant kitchen for both family and formal entertaining features a multi-level "sculptured" island, while tumbled marble backsplashes complement floors of granite and slate.

Lujosa y elegante cocina para que la familia comparta y reciba visitas. Tiene una isla con varios niveles en mármol con acentos de granito y pisos de pizarra, que parece una escultura.

Dining room walls faux-painted and stenciled while a gold wash and stencil was used on the ceiling whose coves are illuminated with a phantom lighting. Swarovski crystals shimmer in the chandelier.

Las paredes del comedor tienen un acabado falso en dorado con trabajo de estarcido en el techo, donde se producen efectos de luces. En esta área hay un bellísimo chandelier en el que brillan los cristales Swarovski.

An iron railed staircase ascends below a gold-leafed dome on the third level of this home.

Una escalera con baranda de hierro conduce al tercer piso, donde hay una cúpula enchapada en dorado.

The elegant living room in this classically styled house demonstrates the designer's ability to effectively blend styles, colors and textures.

La elegante sala de esta casa, de estilo clásico, muestra el talento de la diseñadora para mezclar con éxito estilos, colores y texturas.

Elegance personified: silver and blue wallcovering, a vanity finished with silver leaf and a ceiling glazed with silver. Low voltage lighting accents the sink and underlights the suspended cabinet.

Elegancia personificada: paredes tapizadas en azul y plateado, tocador enchapado en plata, techo barnizado en plata e iluminación de bajo voltaje para acentuar el mueble que está suspendido debajo de las luces.

Jesús Ibáñez

Right: Garden kiosk for a romantic corner.

Derecha: *Quiosco de jardín para un rincón romántico.*

Jesus Ibáñez completed his studies of landscaping in the E.C.C.A. of Madrid. He has worked as a landscaper for the past 12 years, designing private gardens and golf courses. He also often writes for decoration and gardening magazines, published in Spain as well as other countries. "I consider myself an autodidact landscaper, influenced by architecture and natural landscapes. I feel a special passion for Renaissance gardens. My style of landscaping is eclectic yet orderly, with certain minimalist influence. I employ green tones as the foundation for my designs and I emphasize compact bulk volumes. And, above all, I prefer to flee from ostentation and to work with the refined details of classic allusions."

Jesús Ibáñez terminó sus estudios *de jardinería en la E.C.C.A. de Madrid. Trabaja como paisajista desde hace doce años, diseñando jardines privados y proyectos de paisajismo para campos de golf. Es colaborador habitual en revistas de decoración y jardinería, tanto en España como en otros países. "Me considero un paisajista autodidacta, influenciado por la arquitectura y los paisajes naturales. Siento una pasión especial por los jardines renacentistas. Mi estilo de paisajismo es ecléctico, ordenado y con cierta influencia minimalista. Utilizo los juegos de tonos verdes como base de mis diseños y doy especial protagonismo a los volúmenes de masas compactas. Sobre todo, prefiero huir de la ostentación y quedarme con los detalles refinados de alusiones clásicas".*

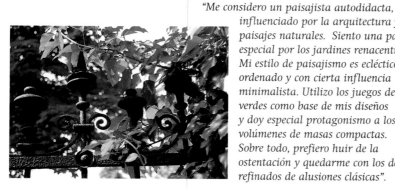

ARQUITECTURA VERDE S.L.
Odisea, 21. Pinar del Plantío
28220 Majadahonda (Madrid)
Tel 34/91/6344733 **Fax** 34/91/6570462

A Mediterranean-inspired pool, pergola and fountains.

Piscina con pérgola y surtidores de agua en un diseño mediterráneo.

Combined green volumes in an avant-garde design.

Juego de volúmenes verdes en un diseño vanguardista.

A formal garden and pool displaying perfectly distributed trees and shrubbery.

Jardín ordenado de corte formal con "lámina" de agua.

An arch of iron and white flowers separate two sectors.

Ambientes separados por un arco de hierro con flores blancas.

A color array of spring flowers in front of a screen of shrubbery.

Explosión de color primaveral delante de una pantalla tupida de arbustos.

Mixed border with assorted shades of green.

Bordura mixta con variadas tonalidades de verdes.

Entry to an Andalusian-style house with its orderly shrub garden.

Entrada a vivienda de estilo andaluz y jardín ordenado de arbustos bajos.

Arid garden with an "albero" path.

Jardín árido con sendero de albero.

A restful retreat with massed greenery.

Zona de descanso arropada por masas compactas verdes.

Pool surrounded by a tapestry of leafy vegetation.

Piscina rodeada por un diseño de verde tapiz y frondosa vegetación.

José Ramón Prats & Pilar González de Ariza

Architect José Ramón Prats completed his studies at Pedro Henriquez Ureña's National University (UNPU) and participates in many international seminars of his profession.

Pilar González de Ariza graduated from Pedro Henriquez Ureña's National University (UNPHU) with a major in Interior Design and Decoration. She received her post-graduate degree in Interior Architecture and Design from New York School of Interior Design.

Both professionals united to form Prats González & Associates, a prestigious firm dedicated to the construction and design of interiors. Their firm offers versatility in the execution of its projects which range from the exteriors of monumental sites and villas for tourist resorts to the interior design of both homes and offices.

El Arquitecto José Ramón Prats *realizó sus estudios académicos en la Universidad Nacional Pedro Henríquez Ureña (UNPHU) y participa frecuentemente en numerosos cursos y seminarios internacionales propios de su profesión.*

La Diseñadora de Interiores Pilar González de Ariza se graduó de Diseño y Decoración de Interiores en la Universidad Nacional Pedro Henríquez Ureña (UNPHU) y realizó su Posgrado de Arquitectura de Interior y Diseño en la New York School of Interior Design. Ambos se asociaron y presiden la empresa Prats González & Asociados, que se dedica a la construcción y al diseño de Interiores y ofrece gran versatilidad en la ejecución de sus proyectos que van desde obras monumentales, bellos exteriores, villas para centros turísticos, hasta la decoración de interiores para viviendas y oficinas.

Right: Executive lobby of an insurance company, La Universal de Seguros. With the use of marble flooring, walls surfaced by wood, lighting and other warm tones, the designers have achieved a sense of richness.

Derecha: *Vestíbulo de las áreas ejecutivas de la compañía La Universal de Seguros. Aquí se buscó transmitir estabilidad y solidez, lo cual se logró mediante la utilización del mármol en los pisos, el revestimiento de madera en las paredes, la disposición de las luces y los tonos sobrios y cálidos.*

PRATS GONZALEZ & ASOCIADOS
Héctor Incháustegui Cabral No. 18. Ens. Piantini
Santo Domingo, República Dominicana
Tel 809/472 5949 **Fax** 809/567 4651
E-Mail prats.gonzalez@codetel.net.do

Details of the executive lobby at insurance company, La Universal de Seguros, where one can appreciate the symmetrical, criss-cross pattern on panels covered with fabric.

Detalle del vestíbulo de las áreas ejecutivas de la compañía La Universal de Seguros, donde se aprecia el diseño en cuadrícula simétrica, realizada en paneles revestidos de tela.

Mezzo-Tempo, designed for offices and local businesses, is situated at the heart of the city's new commercial center. The colors are determinant for the building's architectural design.

Edificio Mezzo-Tempo, diseñado para oficinas y locales comerciales. Está ubicado en el nuevo centro de la ciudad. Los colores empleados son determinantes en el diseño arquitectónico del edificio.

Partial view of a bathroom
whose inspired use
of green marble and fabric is
particularly noteworthy.

*Vista parcial del baño de una
residencia privada donde resalta
la utilización del mármol verde
en el piso y el revestimiento de
tela en las paredes.*

Living-room of a private residence
whose conservative and classic
space, features walls upholstered in
fabric which are integrated with
the wood of the floors. Warm
colors afford elegance.

*Sala de estar de una residencia privada.
Espacio conservador y con ciertos
elementos clásicos, donde se fusionan las
paredes revestidas en tela y
el piso de madera. Todo enmarcado en un
color cálido, que define el espacio.*

Auditorium of the Casa San Pablo, created to celebrate the Fourth Conference of the Latin American Episcopate (CEIAM), with the presence of His Holiness, John Paul II.

Auditórium de la Casa San Pablo. Obra ejecutada para la celebración de la IV Conferencia General del Episcopado Latinoamericano (CEIAM) que contó con la asistencia de su Santidad Juan Pablo II.

Lobby of the auditorium of the Casa San Pablo, designed with simple lines, its marble floors and walls embellished with plaster moldings.

Vestíbulo del auditórium de la Casa San Pablo, de simples líneas, con pisos de mármol y paredes revestidas con molduras de yeso.

Interior of the Casa San Pablo auditorium, with a capacity for 1,200 persons.

Interior del auditórium de la Casa San Pablo, que tiene capacidad para 1.200 personas.

Luis
Corona
&
Michael
Barron

Luis Corona and Michael Barron specialize in interior and exterior design, architectural detailing, furniture design and accessorizing interiors. Their many years of experience and ongoing education in the design field warrant their renown as one of the foremost firms in the Southwest.

Casa del Encanto is a full-service design firm that manufactures all of their furnishing's. They employ of stone, iron, wood, glass and fabrics to create living spaces reminiscent of a time when craftsmanship was to be expected. The Casa del Encanto showroom, a landmark building, includes beautiful handcarved furnishings in walnut, mahogany or any other wood a client desires, accessories from around the world, one-of-kind light fixtures, upholstered goods and antiques.

Luis Corona y Michael Barron se *especializan en diseño de interiores y exteriores, detalles arquitectónicos y diseño de muebles y accesorios para interiores. Sus años de experiencia y constante desarrollo en el campo del diseño respaldan a su empresa y la sitúan como una de las firmas de más prestigio en el Suroeste de Estados Unidos. Casa del Encanto es una compañía que brinda servicio completo de diseño de interiores y exteriores, además de fabricar todos sus muebles. Mediante el uso de piedra, hierro, madera, cristal y telas crea ambientes que recuerdan la época en que los artesanos eran muy apreciados. El salón de exposición y venta de Casa del Encanto es un edificio muy famoso desde que se construyó. Dentro de él se pueden encontrar muebles tallados en nogal, caoba u otra madera que el cliente desee, accesorios de todas partes del mundo, lámparas y antigüedades. Además, gran variedad de telas y piezas de piedra de cantera talladas a mano, situadas a través de todo el edificio y del patio.*

Right: Family room and breakfast area with all furniture, mirror, chandelier and accessories customized by Casa del Encanto. Artwork from client's collection.

Derecha: *Sala y área para desayunar. Todos los muebles, espejo, chandelier y accesorios fueron realizados por Casa del Encanto. Las obras de arte pertenecen a la colección del cliente.*

CASA DEL ENCANTO, LTD.
6939 E. First Avenue
Scottsdale, AZ 85251
Tel 480/970 1355 **Fax** 480/970 1399

Home office in a private residence with faux-finished walls and ceiling coves.

Oficina en una residencia privada. Las paredes tienen acabados falsos y los techos son artesonados.

Guest bathroom with Roman columns and an arched entrance in cantera stone with diamond shaped marble inlays. Custom hand-carved vanities in pine have gold accents and marble tops.

Baño de visita. Aquí se colocaron columnas romanas con hojas de acanto, un arco realizado con piedra de cantera y adornos en forma de diamantes. El tocador se hizo a la medida y se talló a mano en madera de pino, con detalles en dorado.

Detailed vignette in a home office featuring a custom hand-carved armoire and bookcases by Casa del Encanto.

Armario tallado a mano y libreros que Casa del Encanto creó para la oficina de esta residencia.

A comfortable living room, featuring a custom hand-carved cantera stone fireplace.

Angulo del salón principal con la chimenea de piedra de cantera tallada a mano.

Master bedroom with a custom iron bed, a 1700-era wood trunk from Mexico, antique rosewood chairs, Oriental area rugs and a custom hand-carved cantera stone fireplace.

Dormitorio principal donde se aprecia una cama hecha a la medida en hierro, un baúl mexicano de madera del año 1700, butacas antiguas, alfombras orientales y una chimenea tallada a mano en piedra de cantera.

An elegant and spacious yet functional master bathroom combining architectural elements like cantera stone columns and arches combined with marble and gold-leaf accents.

Baño principal. La meta aquí fue crear un espacio elegante con un ambiente funcional, utilizando elementos arquitectónicos como arcos y columnas de piedra de cantera, combinados con mármol y acentos enchapados en dorado.

Master bedroom with cherrywood floors, a hand-carved bombé chests covered with embossed leather and an upholstered love seat. Artwork and accesories by Casa del Encanto.

Dormitorio principal con pisos de madera de cerezo, cajoneras bombé cubiertas con piel repujada y un sofá tapizado. Las obras de arte y los accesorios fueron realizados por Casa del Encanto.

A casual relaxing living room environment with a sense of sophistication, utilizing such elements as cantera stone, rich textures, dry flowers and plants.

Sala de estar. Aquí se logró un ambiente casual y tranquilo, con un concepto sofisticado, en el cual se utilizaron elementos diferentes como piedra de cantera, flores secas, ricas texturas y plantas.

A colonnade of plastered columns, cantera stone and an arched gothic ceiling creates an intrincate entryway whose focal niche displays a statue of a flower girl.

En esta área de entrada los techos son góticos. Como punto focal, hay una escultura tallada a mano en piedra de cantera. Se observa también una galería de columnas de yeso con detalles de piedra.

Formal dining room with its china cabinet and dining table in hand-carved walnut, chairs upholstered in Coraggio fabric and accesories by Casa del Encanto.

Comedor formal. El aparador para la vajilla y la mesa son de madera de nogal tallada a mano. Las sillas son de tela Coraggio y los accesorios originales de Casa del Encanto.

The Casa del Encanto showroom with beautiful hand-carved furnishings, accessories from all around the world, lighting fixtures, fabrics and hand-carved cantera stone pieces both throughout the building and the courtyard.

Salón de exposición y venta de Casa del Encanto. En su interior se pueden encontrar maravillosos muebles tallados a mano, accesorios de todas partes del mundo, lámparas, gran variedad de telas y piezas de piedra de cantera.

Luis E. Lozada

Right: Playing with colors, textures and light, the designer invests diverse styles to create an eclectic atmosphere in the main dining area.

Derecha: *En este comedor, el diseñador domina diferentes estilos para crear un ambiente totalmente ecléctico, jugando con colores, texturas y luz.*

An uncommonly versatile, award-winning industrial design professional, Luis E. Lozada is the founding president and principal designer of the Industrial Form Corporation. FORM—as his creative Miami-based firm is familiarly known—specializes in a full spectrum of custom furniture design, while providing complete manufacturing and design services for a wide-ranging variety of residential and commercial clients.

Lozada was awarded first prize for the best design in Architectural Digest's 1999 "Today's World of Design" competition at the Design Center of The Americas. He also won a Designers of the Year Award for displays design.

An Allied Member of the American Society of Interior Designers and a native Venezuelan, his work has been widely published in local, national and international trade and consumer publications.

Versátil y excepcional profesional *del diseño de interiores, ganador de numerosos premios en su especialidad, Luis E. Lozada es el fundador, Presidente y diseñador principal de Industrial Form Corporation. FORM -como es conocida familiarmente esta firma, que tiene su base en Miami- se especializa en el diseño completo de muebles hechos a la medida y en el servicio de diseño y manufactura para residencias y negocios. Lozada fue premiado como el Mejor Diseñador y recibió el Primer Premio en el concurso de Architectural Digest "Today's World of Design Competition" de 1999, en el Centro de Diseño de las Américas. Y también ganó el Premio del 18th Annual Designer of the Year, en los Premios Guilda por uno de sus diseños. Lozada, quien nació en Venezuela, es miembro aliado de la American Society of Interior Designers. Sus trabajos han sido divulgados ampliamente en publicaciones locales, nacionales e internacionales.*

INDUSTRIAL DESIGN FORM CORP.
3021 SW 28 Lane
Coconut Grove, FL 33133
Tel 305/461 4984 **Fax** 305/461 4985
E-Mail llozada104@aol.com • www.formcorp.net

Through open areas and on different levels, the designer cleverly uses wood and lighting to manipulate the ambiance and create a museum interior.

Sobre áreas abiertas y con diferentes niveles, el diseñador maneja los ambientes muy cuidadosamente, creando un museo interior, trabajando las maderas y la iluminación.

His new line of furniture, the "Lozada Collection," creates interesting new shapes combining both straight and curved lines. This buffet table is one of the pieces in the collection.

Con el lanzamiento de su nueva línea de muebles, "Lozada Collection", el diseñador crea nuevas formas, combinando líneas curvas y rectas. Este bufé es una de las piezas.

A spacious living room where African art, contemporary architecture and lofty ceilings come together to create a perfect balance.

Amplia sala, donde se combinan piezas de arte africano sobre una arquitectura totalmente contemporánea, con techos altos que permiten crear el balance perfecto.

The designer employs proper distribution so one might take full advantage of the space and move around freely.

Con una buena distribución se aprovecha el espacio al máximo. El diseñador ha planificado zonas de circulación para que el usario se sienta libre al moverse.

This kitchen features maple with mahogany and is contemporary, yet maintains the traditional concept of kitchen, bar and pantry.

Cocina fabricada en madera de arce y detalles en caoba con un diseño contemporáneo, manteniendo un concepto de cocina, bar y despensa.

"Las Curvas." Within a designated space of this showroom, Lozada creates an elegant ambiance of wood and other details.

"Las Curvas". Dentro del espacio de un showroom, Lozada creó este ambiente elegante, donde predominan la madera y otros detalles.

The designer used various types
of wood, disposable cylindrical
tubes, a canvas ceiling and metal
bases to win first place at a
DCOTA Designer Showcase event.

*El diseñador emplea aquí diferentes
maderas, materiales desechables, tubos
de cartón en diferentes niveles, techo
de lona y soportes metálicos. Este
proyecto recibió el Primer Premio en
el Designer Showcase, del DCOTA.*

María Lamas Shojaee

Maria Lamas Shojaee, founding principal of Perspective Interiors, Inc., is a Miami-based designer with more than 14 years of experience. She started her professional career as the architectural consultant and in-house interior designer for Shoma Development Corp., one of South Florida's largest builder and, since then, has expanded into other areas of design. "There is always room for the 'new' and the 'old'; that is why my designs are almost always eclectic in nature. This gives me an opportunity to work with my clients' treasured furniture and accessories, creating 'new' spaces with an 'old' familiar charm."
"Color coordination, texture and symmetry are essential: color coordination presents a serene ambiance, texture adds movement and dimension and symmety creates total balance. Who wouldn't want to be in an environment that offers all these possibilities?"

María Lamas Shojaee es propietaria *de Perspective Interiors, Inc., empresa con base en Miami, con más de catorce años de experiencia en el campo del diseño interior. Inició su carrera como asesora de Arquitectura y diseñadora de interiores para Shoma Development Corp., una de las compañías de construcción más grandes en el sur de la Florida.*
"Siempre hay espacio para lo 'nuevo' y lo 'viejo', por eso es que mis diseños son casi siempre eclécticos en su naturaleza. Esto me da la oportunidad de trabajar con los objetos que tienen valor sentimental para mis clientes. Yo les creo un 'nuevo' ambiente con un 'viejo' encanto. La coordinación de colores, la mezcla de texturas y la simetría, son esenciales. Con los colores se obtiene un ambiente sereno, las texturas le añaden movimiento y dimensión al espacio, y la simetría crea un balance total. ¿A quién no le gustaría vivir en un ambiente que le ofrezca todas estas posibilidades?"

Right: The designer's philosophy is exemplified in this living room: a serene ambiance, movement and dimension plus total balance.

Derecha: *Un ambiente sereno y balanceado, sirve de testimonio de la filosofía de esta diseñadora de interiores.*

PERSPECTIVE INTERIORS, INC.
8550 NW 33 Street
Miami, FL 33166
Tel 305/223 9596   **Fax** 305/499 3318

Some of this client's treasured
accessories are displayed here, making
this a special space.

*Esta área resulta muy especial porque en ella se
han colocado algunos objetos artísticos del cliente.*

The "B & G" plate collection and the antique Persian tapestry compliment this "art-deco" breakfast room.

La colección de platos "B & G" y el antiguo tapiz persa complementan la decoración de esta sala de desayunar, que tiene un estilo "art-deco".

The elegance of this breakfast room is enriched by the wall tapestry and a floral carpet with a black background.

La elegancia de este salón para desayunar se ha enriquecido con el tapiz de la pared y la alfombra de flores con fondo negro.

Living room setting featuring two sofas upholstered in a striped damask with a cocktail table. Flowers and a small sculpture complement the interior decoration of this environment.

Sala de estar compuesta por dos sofás tapizados en damasco a rayas y mesa de centro. Flores y una pequeña escultura complementan la decoración de este ambiente.

The carpet and decorative elements, particularly the photos and two fine figures of roosters, substantially contribute to the design of another living room.

En esta otra sala de estar la alfombra y los elementos decorativos ocupan un lugar preponderante, destacándose las fotos familiares y dos hermosas figuras de gallos.

The glass-topped table in this luxurious dining room is supported by two wood pedestal columns with gilt acantos leaves and surmounted by an imposing crystal chandelier.

La mesa de este lujoso comedor está apoyada sobre dos pedestales de madera con hojas de acanto en dorado. La tapa es de cristal. Una hermosa lámpara con lágrimas de cristal de roca ilumina el área.

Marisela Domingo

Right: Freedom of movement inspired this living room, which is illuminated by indirect neon light. The lamp, sculpture and wood table are exclusive designs of Macambu, as well as those items seen in the small photo below.

Derecha: La libertad de movimiento fue la propuesta para esta sala, que tiene luz indirecta de neón. La lámpara, la escultura y la mesa de madera son diseños exclusivos de Macambu, así como los de la foto inferior.

Marisela Delgado de Domingo is a woman whose creative purpose is to contribute in the creation of harmonic environments, delicate and elegant, affording an absolute freedom to their inhabitants.

Her company, Macambu Inc., designs and produces furniture combining iron, bamboo, rattan and wood.

Domingo works directly as a designer and supervisor to enhance numerous residences, hotels, restaurants and villas. Example include the S'Tribo and Taurus restaurants, and the Olympic villa for the PanAmerican Games in Venezuela.

"My pieces are exotic artistic creations accomplished with noble materials, whose beauty will endure for ages," advises Marisela Domingo. "As an interior designer, I like to create elegant and exotic spaces." Her company is headquartered in Venezuela with offices and sales showroom in Miami, Florida.

Marisela Delgado de Domingo es *una mujer cuyo propósito profesional es contribuir a crear y conformar ambientes armónicos, delicados y elegantes, que les den libertad de movimiento absoluta a sus moradores.*

Su obra inicial es Macambu Inc., una empresa que diseña y produce muebles en los cuales mezcla armónicamente materiales como hierro, bambú, rattan y madera.

Marisela participa directamente como diseñadora y supervisora de la producción, que realza innumerables residencias, hoteles, restaurantes y villas. Un ejemplo son los restaurantes S'Tribo y Taurus, la Villa Olímpica para los Juegos Panamericanos de Venezuela, con un diseño de habitación múltiple, e innumerables residencias.

"Mis piezas son creaciones artísticas exóticas realizadas con materiales nobles, seleccionados para que perduren en el tiempo", comenta Marisela. La empresa está en Venezuela y tiene sus oficinas y un salón de exposición y venta en Miami, Florida.

MACAMBU, INC.
8813 SW 132 ST, Miami, FL 33176
Tel 305/969 3000 **Fax** 305/969 0503
www.macambu.com

Warmth and amplitude are two obvious characteristics of this room. The chairs, frame and cocktail table were created by Macambu.

Calidez y amplitud son dos características que saltan a la vista en esta habitación. Las sillas, el cuadro y la mesa central son creaciones de Macambu.

The buffet and mirror, Macambu designs, add a rustic quality to this area.

La consola y el espejo, diseñados por Macambu, le añaden acentos rústicos a esta sala.

Armonious combination of assorted
styles in the same area. The art works
and the console with marble top
are creations of Macambu.

*Combinación armónica de diferentes estilos en
una misma área. Los cuadros artísticos
acompañando a la consola con tope de mármol
son creaciones de Macambu.*

Chair and English-inspired cabinet
manufactured by Macambu.

*Silla y armario de estilo inglés fabricados por
Macambu.*

A dining room featuring various furnishings produced by Macambu.

En este comedor se destacan varios materiales y diseños producidos por Macambu.

Restaurant S'Tribo,
whose mobile ceiling
transforms this area to
a tropical terrace.

*Restaurante S'Tribo con
techo móvil que convierte
el área en una terraza
tropical.*

Art Déco bedroom
designed by Macambu.

*Dormitorio Art Déco, diseño
de Macambu.*

Detail of a bar integrated
within a garden setting.

*Detalle del bar que se
integra al jardín.*

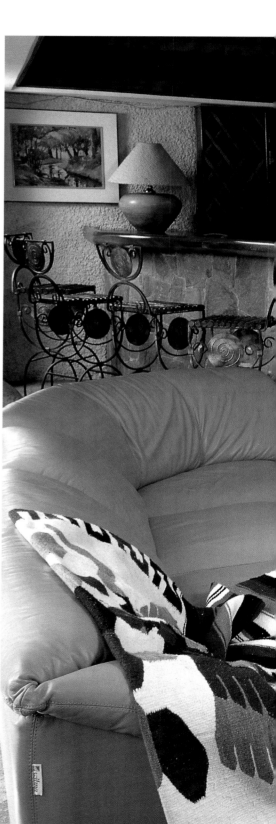

Detail of a foyer.

Angulo de un vestíbulo.

Living room and bar with a dividing screen.

Sala de estar y bar con parabán divisorio.

Michael Gainey

Michael Gainey is a fifth-generation native Floridian. Sensitive to the colors and nuances of his home state, he has developed palettes appropriate for his clients and the location of their homes. "Your home should be all about you, your memories, your travels and your life's experiences," states Gainey. "I just translate what is in my client's head to reality. They live there... I simply get to visit and bring the champagne!"

His artistic talents include singing, and he relaxes by sharpening his skills at his vintage Ivers & Pond grand piano. Music is an important part of his life and he often specifies pianos in his clients' interiors. Atlantic Music Center in Melbourne is Gainey's source for fine musical instruments. Brian Gatchell, concert pianist and recording artist is its president. "Everyone wants a touch of glamour," Gainey says. "Glamour shouldn't be an afterthought; it's a necessity!"

Michael Gainey pertenece *a la quinta generación de una familia nativa de la Florida. Sensible a los colores y a los matices de su estado natal, ha creado paletas apropiadas para cada uno de sus clientes y para el lugar donde se encuentran localizadas sus casas.*

"Todo en su casa debe estar relacionado con usted: memorias, viajes y experiencias de la vida", dice Gainey. "Lo que yo hago es convertir en realidad lo que tienen en su mente mis clientes. Ellos son los que van a vivir en la casa. ¡Yo sólo los visito para brindar con champaña!"

Su talento artístico incluye el canto y el piano, un gran Ivers & Pond, que toca demostrando sus habilidades. Y es que la música ocupa un lugar

importante en su vida, por eso, a menudo, aconseja a sus clientes colocar un buen piano en sus casas.

Atlantic Music Center, en Melbourne, es la empresa que le suministra a Gainey sus finos instrumentos, cuyo propietario y Presidente es Brian Gatchell, pianista y concertista, que ya ha grabado discos. Considerando el talento para la música, dice Gainey: "Todo el mundo necesita un toque de 'glamour'". Y añade: "¡Glamour no es sólo una idea, es una necesidad!"

MICHAEL GAINEY INTERIORS
1119 E. Palmetto Avenue, Melbourne, FL 32901
Tel 407/951-3877 **Fax** 407/951-7635
www.michaelgainey.com
E-Mail mgaineyi@aol.com or lisaatmgi@aol.com

Dining Room: Faux-ancient columns surround the rustic trestle table and French-inspired chairs. A vintage rug and wall-hung tapestry make the space intimate.

Comedor: Columnas con acabado falso rodean la mesa de comer cuyas sillas son de inspiración francesa. La alfombra y el tapiz que cuelga de la pared hacen este espacio más íntimo.

Shaded by ancient oaks and wide porches, visitors can enjoy a view of the Indian River from this home's bell tower. The tiled fountain and coquina balustrades add a Mediterranean touch to this Spanish Colonial Revival home.

El visitante puede disfrutar de la vista de Indian River desde la torre del campanario de la casa de grandes portales, que se encuentra bajo la sombra de un antiguo roble. La fuente azulejeada y la balaustrada torneada le añaden un toque mediterráneo a esta residencia de estilo Colonial español.

One corner of the Grand Salon highlights the restored original casement windows and stained- glass transoms. A reproduction Bergére chair upholstered in a tapestry flanks the down-filled damask sofa.

En una esquina del gran salón se destacan las ventanas cuadriculadas con cristales, restauradas con su estilo original. Una butaca Bergere modernizada aparece en un costado del sofá, que está tapizado en damasco.

A full view of the formal space also offers views of the garden beyond. Matching club chairs from Taylor King provide comfortable, casual seating.

Vista completa de un espacio formal, desde donde se disfruta del paisaje. Las butacas de Taylor King le añaden confort a este ambiente casual.

The window seat in an orchard-like print is a perfect place to serve breakfast. The chef enjoys features like granite countertops, and an oversized sink. The cooktop and appliances are professional quality.

El tapiz de los asientos que están pegados a la ventana, tiene estampados vegetales, ideales para el área del desayuno.
El granito negro de los mostradores, el amplio fregadero y los utensilios de cocina facilitan el trabajo del chef.

A pair of overstuffed sofas, an immense handcrafted cocktail table and castle-scale candelabra makes this room, which is adjacent to kitchen, ideal for casual entertaining.

Dos sofás acolchados, la mesa de centro de gran tamaño, hecha a mano y los candelabros altos convierten esta habitación en un lugar divertido, al lado de la cocina, como espacio de entretenimiento casual.

The master bedroom resembles a Gypsy caravan with a tent-like treatment on its coffered ceiling. The window treatments in rich garnet and saffron, like petticoats, tempt one to peek behind them. A rare theatrical painting in oil is in the sitting room at the rear.

El artesonado del techo del dormitorio principal se hizo con un concepto de tienda de campaña para una caravana "gipsy". Las cortinas de las ventanas son de brillantes colores rojo granate y azafrán. En la parte posterior de la sala de estar se colocó una pintura al óleo.

Exterior patio with a fountain, and a focal collectible mahogany Steinway grand piano, with inlaid wood trim. It dates from the late 1920s and was completely restored by Unique Pianos.

Area del patio exterior con una fuente, donde se ha colocado un gran piano de cola Steinway en caoba, una pieza de colección. Este piano, con incrustaciones de madera data de 1920 y fue completamente restaurado por Unique Pianos.

Balcony with view of river featuring a rosewood Knabe upright piano, circa 1880, and original art by Maria Wallace.

Balcón con vista al río. Aquí, hay un piano vertical Knabe de palisandro, del año 1880 y una pintura original de María Wallace.

Heirloom Italian chair in striped silk, and a French Bergére in chenille tapestry. The Welte Mignon grand piano with cabriole legs was originally a player piano from the early 1900s.

En el salón formal hay una butaca Bergere, tapizada en chenille, que es una reliquia familiar. El gran piano Welte Mignon de principios de 1900 tiene patas cabriolé.

Michael Saruski

Michael Saruski started Saruski Design Studio six years ago from the back room of his home with one client. Today, Saruski boasts a team of top designers and consultants with over 50 names on his client roster. He considers himself to be a part of a new generation of interior designers, dedicated to working one-on-one with his clients, understanding their design needs, while remaining budget-oriented. Saruski received his Bachelor of Architecture degree from the University of Miami and is a licensed Florida interior designer. He has been honored in Who's Who in Interior Design, as well as by the American Institute of Interior Designers upon whose executive board he served. He is also the South Florida chairman for the administration of the NCIDQ licensing exam for interior designers. His work has been featured in several design publications and design shows.

Michael Saruski abrió su empresa *Saruski Design Studio hace seis años en su casa, con un solo cliente. Hoy en día, Saruski se enorgullece de tener un equipo de importantes diseñadores y especialistas con más de 50 nombres en su lista de clientes. Michael se considera parte de una nueva generación de diseñadores de interiores dedicados a trabajar uno a uno con sus clientes, profundizando en sus necesidades en cuanto al diseño y adaptándose a sus presupuestos. Saruski recibió su título de arquitecto en la Universidad de Miami y es licenciado del estado de la Florida en diseño de interiores. Además, forma parte de "Quién es quién" en Interior Design. Y ha recibido el reconocimiento del American Institute of Interior Designers, donde ha participado en la Junta de Ejecutivos. También es Chairman del NCIDQ del Sur de la Florida, institución que otorga las licencias a los diseñadores de interiores en esa región. Su trabajo ha sido destacado en publicaciones y exposiciones de diseño.*

Right: Looking through the entry doors of this medical office exposes rich materials including mahogany, granite and alabaster.

Derecha: *a través de las puertas de entrada de esta oficina médica pueden verse los lujosos materiales empleados: caoba, granito y alabastro.*

MIAMI BEACH COSMETIC

PLASTIC SURGERY CENTE

SARUSKI DESIGN STUDIO, INC.
4141 NE 2nd Avenue, Suite #106-C
Miami, FL 33137
Tel 305/573 6900 **Fax** 305/573 9888
E-Mail: saruski ds@aol.com

The principal physician's office is designed warmly with a wool trellis carpet, mahogany desk and bookcase and fabric wallcovering.

La oficina principal de un médico es muy acogedora. Tiene una alfombra con diseño de rejilla, escritorio y organizador de caoba y las paredes forradas en tela.

The main hall services the examination rooms. Mahogany millwork accents the architecture with alabaster sconces illuminating the way.

En el pasillo principal que da acceso a las áreas de exámenes médicos se añadieron detalles a la estructura arquitectónica y se colocaron apliques de alabastro a través del área.

The waiting area was afforded a residential feeling with a curved wrap-around sofa, charcoal sketches and a wood/granite feature table.

Esta sala de espera tiene una atmósfera hogareña, con un gran sofá curvo, bocetos gris oscuro colgados en la pared del fondo y una mesa redonda de madera y granito.

The aesthetic lobby features a marble-and-granite flooring medallion installed under a European fixture.

En el piso del vestíbulo, hay un medallón de mármol y granito, instalado debajo de una lámpara europea.

This living room includes antiques that were restored, refurbished and reupholstered with rich European fabrics to create an overall unified look and to add warmth to the area.

En la sala hay antigüedades que fueron restauradas y tapizadas nuevamente con lujosos géneros europeos para crear un conjunto cálido y uniforme.

This entry features a marble staircase, checkerboard marble floors and a six-foot crystal chandelier. An intense wall color contrasts with the formality of the setting.

La entrada a esta residencia muestra una escalera de mármol, piso en forma de tablero de damas y un chandelier de cristal de seis pies de altura. El fuerte color de las paredes contrasta con la formalidad del lugar.

The living room also features cobalt blue accents found in the chandelier, a featured bowl and upholstered ottomans. An antique game table was also restored.

En la otra sala pueden verse detalles en azul cobalto en el chandelier, la otomana y en la vasija que aparece sobre la mesa de centro. En esta área también se aprecia una mesa de juego antigua que fue restaurada.

The powder room was faux-painted in a draped motif. The vanity counter has been goldleafed to restore its original appearance.

A las paredes del tocador se les dio un acabado falso que imita un cortinaje drapeado. La tapa de la coqueta se enchapó en dorado para recuperar su imagen original.

The library was designed with rich deep colorations and includes mahogany built-ins and beams, dark leather furnishings and washed green walls.

La biblioteca fue diseñada con un colorido fuerte, que incluye los muebles de caoba y cuero oscuro y las paredes verdes de acabado lavable.

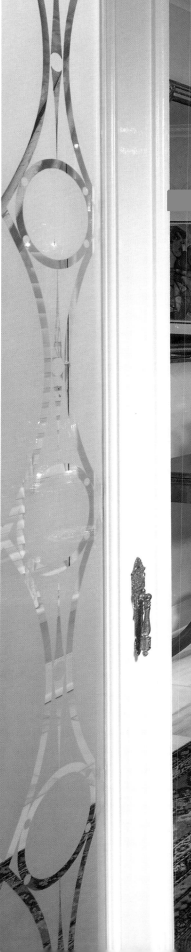

The dining room has handpainted wall patterns, and a custom etched crystal chandelier. An heirloom silver set is prominently featured.

Las paredes del comedor fueron pintadas a mano con diseños muy elaborados. En esta área también hay un chandelier. Las piezas de plata son reliquias familiares de mucho valor.

Nury Añor

Nury Añor has more than ten years of architectural and interior design experience with luxury commercial and residential properties throughout the world, including embassies, hotels, resorts and high end properties in the United States, Brazil, Argentina and Venezuela.

Añor's approaches and methods are similar to those of an architect. As a respected professional, her innovation and experience, over a wide variety of both, domestic and international projects, translate to a high level of design, an asset to her clients. Known internationally for her polished interiors, Añor is a designer who combines aesthetically the stark beauty of modernism with the comfort and richness of classicism. Her attention to details, insistence on the finest materials and use of fantastic and opulent elements creates a subtle balance, characteristic of an "Integra's" ambiance: a piece that inspires beauty.

Right: Inspired by the beauty and simplicity of the Argentine "pampas", this decor has a peaceful and harmonious look that will last for many years.

Derecha: *La idea que se quiso lograr en esta habitación es que transmitiera paz y armonía durante muchos años. Para eso, se buscó inspiración en la sencillez y en la belleza de las pampas argentinas.*

Nury Añor tiene más de 10 años *de experiencia en el diseño arquitectónico y de interiores de propiedades lujosas, tanto comerciales como residenciales, a través de todo el mundo: embajadas, hoteles, resorts y mansiones en los Estados Unidos, Brasil, Argentina y Venezuela.*

Sus enfoques y métodos tienen la misma ética y las mismas normas que los arquitectos.

Su experiencia y creatividad sobre proyectos nacionales e internacionales, se trasladan a un alto nivel de diseño, valioso para sus clientes.

Conocida internacionalmente por sus acabados interiores, Añor es una diseñadora que combina estrictamente la belleza estética del modernismo con el confort y la riqueza del clasicismo. Su atención a los detalles, su insistencia en la finura de los materiales, y el uso de elementos de fantasía y opulencia, crean un balance sutil de integración ambiental, característico de los proyectos de Integra. Es decir, una pieza que inspira belleza.

INTEGRA DESIGN
55 Ocean Lane Drive, Suite 1028
Key Biscayne, FL 33149
Tel. 305/491 3278 / 710 7158 • **Fax** 305/361 1695

This formal dining room is enhanced by the trompe-l'oeil treatment of its walls.

Este comedor formal se embellece con el tratamiento de trompe-l'oeil de la pared de fondo.

In this aesthetically well composed living room, the designer plays with romanticism .

En esta sala, que tiene una composición estéticamente bien lograda, la diseñadora proyecta una atmósfera romántica.

Parallel to the master bedroom an informal space was created to ease the day-by-day "rush" and to be able to work in a relaxing way.

Paralelo al dormitorio principal se creó un espacio informal y muy cómodo, donde se puede trabajar en un ambiente relajado.

A kitchen furnished with marble flooring, rustic furniture, wood and glass creates a cozy environment.

El cálido ambiente de la cocina se logró con pisos de mármol, muebles rústicos, madera y cristal .

An innovative combination of textures and fabrics enriches this assemblage of curtains, bed covers and pillows.

La combinación de texturas y telas se aplicó con un criterio novedoso tanto en las cortinas como en el ajuar de la cama.

A "master-piece" of a master bedroom features colorations inspired by assorted tones found in the sea.

El dormitorio principal es una pieza maestra inspirada en las tonalidades del mar.

This family room is exquisitely decorated with leather couches and a cocktail table of iron and glass atop a Persian carpet.

Esta sala de estar está exquisitamente decorada con sofás tapizados en piel y una mesa de centro con base de hierro y tapa de cristal, sobre una alfombra persa.

A residence at Williams Island, Florida, while casual in theme, includes the bar (right) and this room, somewhat more formal in feeling. It features hand-painted columns with gold, and dramatic silk draperies

Una residencia en Williams Island, Florida, creada con un estilo casual, sobre todo en el bar, derecha. Para darle más formalidad al ambiente, las columnas se pintaron a mano y las paredes se terminaron con oro. Las cortinas de seda le dan un aspecto más clásico.

An ideal integration of two ambiances: a classical and formal dining and living room, contrasting colorful yet uncomplicated elements of what a family room should be.

Una perfecta integración de dos ambientes: sala y comedor de estilo clásico-formal, que contrasta por su sencillez y sus elementos llenos de color, una verdadera sala de estar.

DESIGN 2000

Omar López De Márquez

Omar Lopez De Marquez is an outstanding interiors designer and founder of "De Marquez Interiors", firm created by a group of professionals of the designing art and that, under the supervision of its vice-president Frank E. Ramírez, has an exclusive showroom in prestigious Coral Gables, Florida.

De Marquez, whose accomplished local and international projects are invested with a distinctive touch to reflect the personality and requirements of every client, says: "The presence of a designer is necessary to coordinate and create a sophisticated project, one which is elegant and in good taste, whether commercial or residential." The designer defines himself as a lover of the classic styles and an expert in eclectic environments, who is impassioned by the beauty and details of French and Italian furniture of the 18th and 19th centuries, with their elaborate textured tapestries.

Omar López De Márquez es un *destacado diseñador de interiores y fundador de "De Marquez Interiors", empresa creada por un grupo de profesionales del arte del diseño y que bajo la supervisión de su Vicepresidente Frank E. Ramírez, cuenta con una exclusiva tienda-showroom en una prestigiosa zona de Coral Gables, Florida.*

De Márquez realiza proyectos locales e internacionales, dándole un toque de distinción y reflejando en los espacios la personalidad del cliente. Opina que la presencia de un diseñador es necesaria para coordinar y crear un proyecto sofisticado, elegante y de buen gusto, tanto en áreas residenciales como comerciales.

Omar López de Márquez se define como un amante de los estilos clásicos, experto en ambientes eclécticos y apasionado por la riqueza en texturas, tapices, gobelinos y detalles de los muebles franceses e italianos de los siglos XVIII y XIX. Su conocimiento y experiencia le han hecho merecedor de reconocimiento internacional por parte de su distinguida clientela; gracias a ellos sus ideas se han visto realizadas, gozando así de lugares exquisitos llenos de armonía y elegancia.

A partial view of a lush bayside property in South Coral Gables, Florida.

Vista parcial de una lujosa propiedad situada junto a la bahía, en el Sur de Coral Gables, en la Florida.

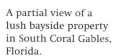

DE MARQUEZ INTERIORS, INC.
141 Aragon Avenue,
Coral Gables, FL 33134
Tel 305/448 4641 **Fax** 305/448 1470

A side view of the foyer, including two Louis XVI side chairs and a chest with a traditional mirror.

Vista lateral del vestíbulo con dos butacas Luis XVI a los lados de una consola con espejo de estilo tradicional.

A Persian Kerman rug provides a quiet anchor to fireside seating space. The red-over-black Oriental cocktail table is a focal point, while the client's portrait enhances the integrity of this room and serves as it's inspiration.

Una alfombra persa Kerman en el área de conversación junto a la chimenea, delimita el espacio. La mesa de centro, en rojo sobre negro, de estilo oriental, es el punto focal en la sala, mientras que el retrato de la propietaria de la casa aumenta la belleza de esta habitación.

A classic chair and an original oil painting decorate this area.

La butaca clásica y una pintura original al óleo, decoran este ambiente.

The dramatic formal dining room is presided over by a large Baccarat chandelier. Exquisite settings of china, crystal and antique silver. The Russian Empire satinwood table.

En el maravilloso comedor formal se destaca un gran chandelier de Baccarat que produce reflejos en la vajilla de porcelana, cristal y plata antigua. Aquí, hay una mesa de madera satinada, estilo Imperio Ruso, que hace juego con los aparadores.

This bedroom reserved for afternoon naps,
is decorated in feminine shades of off-white
and rose.

*Este dormitorio, reservado para las siestas de la
tarde, está decorado con femeninas tonalidades
blanco-hueso y rosa.*

A view of the enclosed terrace.

Una vista de la terraza cerrada.

The 19th-Century six-panel screen is but one noteworthy element in this eclectic living room.

Un biombo del Siglo XIX, formado por seis paneles verticales, llama la atención en esta sala ecléctica.

Details of the bedroom.

Detalles del dormitorio.

An intimate dining area viewed through dual French pocket doors.

Area del comedor vista a través de dos puertas de corredera francesas.

The ulpholstered headboard softens and
adds necessarybalance to the masculine
presence of this bedroom.

*La cabecera de la cama tapizada suaviza y le
añade balance al estilo masculino del dormitorio.*

Perla Lichi

Driven to create the "perfect" environment for her clients, Perla Lichi has developed one of the finest reputations in South Florida as an interior designer. The winner of 18 of the South Florida Builder's Association's 1999 "Best" Awards", her philosophy is to design interiors that are not only beautiful to look at, but also simultaneously enhance a client's lifestyle. Perla Lichi has ingenious ideas when it comes to planning. She appreciates the individual challenges that come with each project and takes pleasure in finding the solutions. The task may be as simple as maximizing a sweeping ocean vista or as complicated as designing a room for multiple uses. A custom cabinet shop owned and operated by her husband, Mario Perger, is one of her firm's greatest assets in space planning, enabling it to produce custom built-ins with unique finishes. "I find great joy and passion in designing. My goal is to pass that joy along to my clients, leaving them with a home that is everything they've dreamed of."

Preocupada siempre por crear el *ambiente perfecto para sus clientes, Perla Lichi se ha ganado una gran reputación como diseñadora de interiores en el Sur de la Florida. El pasado año logró 18 premios "Best" de South Florida Building Industry. Su filosofía se basa en diseñar interiores que no sólo sean bonitos, sino que, al mismo tiempo, se adapten al estilo de vida del cliente. A Perla Lichi se le ocurren ingeniosas ideas cuando planifica. Ella aprecia las características individuales que tiene cada proyecto y disfruta encontrando soluciones. La tarea puede ser tan simple como destacar la vista del océano o tan complicada como diseñar una habitación para múltiples usos. El negocio de fabricación de piezas de madera que tiene su esposo, Mario Perger, es uno de los puntos fuertes de la firma, ya que le permite producir elementos hechos a mano con acabados únicos. "Siento gran pasión al diseñar. Mi meta está en establecer una buena relación con mis clientes, para lograr, al final, entregarles la casa que han soñado."*

Right: The soft aquamarine of this chaise fabric, also used on the chairs, throw pillows and carpet in this elegant living room, complements the hues seen in the sweeping ocean view.

Derecha: *El suave color aguamarina de la tela del chaise longue, que también se aprecia en las butacas, los cojines y la alfombra de esta elegante sala, sirve de complemento al colorido de la bella vista del océano.*

PERLA LICHI DESIGN
7127 N. Pine Island Road, Tamarac, FL 33319
Tel. 954-726-0899   **Fax** 954-720-5828
www.perlalichi.com
Florida License #ID-1727,#1B-1037 y #1B-1039

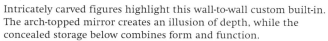

Intricately carved figures highlight this wall-to-wall custom built-in. The arch-topped mirror creates an illusion of depth, while the concealed storage below combines form and function.

En este mueble de pared-a-pared, hecho a la medida, se destacan unas figuras talladas. El espejo que llega hasta el arco crea la ilusión de profundidad y el área de almacenamiento oculto combina forma y función.

A dramatic entry is created by the use of an ornate console displaying Erté figurines. The background of light silver leafing provides the perfect accompaniment for the mirror and flanking wall sconces.

En la espectacular entrada se ha situado una consola con estatuillas de Erté. Como fondo una pared tapizada con hojas de plata, el acompañamiento perfecto para el espejo y los apliques de pared.

This formal and elegant dining room is enhanced by the continuation of its custom millwork and mirrors, making this a perfect location for a prized collection.

Este comedor, formal y elegante, se realza con el trabajo en madera y los espejos, convirtiendo el área en un lugar perfecto para mostrar una valiosa colección.

The absence of obstructing walls in this living room, along with a palette of soft neutral colors and simple but elegant window treatments, heightens the dramatic views of this penthouse living room.

La ausencia de paredes que interrumpan la vista en esta sala, la paleta de colores neutrales, suaves, y las sencillas, pero elegantes cortinas de las ventanas, hacen resaltar la espectacular vista en este salón de un penthouse.

A dramatic treatment of drywall relief simulating columns
and a creative ceiling design combine to create a spectacular
statement in this dining room.

*El acabado creado en las paredes está apoyado con las pilastras y con el diseño
creativo de los techos, logrando un espectacular efecto en este comedor.*

The regal elegance of this master bedroom is highlighted
by the designer's use of gold and silver. Soft accents of ivory and a
hint of color in the bed pillows complete the scene.

*La real elegancia de este dormitorio principal se resalta con el uso
del dorado y el plateado. Suaves acentos de blanco hueso y
detalles de color en los cojines de la cama, completan el ambiente.*

Beautiful arched windows draped in Regency-styled fabrics are a perfect backdrop to this elegant seating area in the living room. A muted palette of green, salmon and beige is used in the chairs and area carpet.

El maravilloso drapeado en forma de arco de las cortinas de las ventanas con telas estilo Regencia son el detalle perfecto para el área de conversación de esta elegante sala. La paleta de un color verde neutralizado, salmón y beige, se ha usado en las butacas y en la alfombra.

A breathtaking Baccarat chandelier accents the stately dining room. The buffet and mirror were custom designed by Perla Lichi and fabricated by Mario Perger of North Miami Beach.

Un imponente chandelier de Baccarat acentúa el estilo en este comedor. El aparador y el espejo son diseños de Perla Lichi, fabricados por Mario Perger, de North Miami Beach.

Roy Azar

Roy Azar is an outstanding Mexican architect and a exceptional interior designer. He has the virtue and talent to combine both professions, achieving both functional and beautiful spaces, in a conceptual vision from beginning to end. His projects revisit the past, then merge those motifs with present-day and even future themes to provide them with unusual presence, beauty and validity. These is one of his most important works: a majestic penthouse in the residential zone of Bosques de las Lomas in Mexico City. It is a grandiose, harmonious home whose individual elements were meticulously chosen and interwoven to obtain a spectacular result. Combining the past with the present, the classical with the avant-garde, Azar gives his numerous clients environments that are cozy and comfortable, as well as functional.

Roy Azar es un destacado arquitecto mexicano y un gran diseñador de interiores, que tiene la virtud y el talento para conjugar ambas profesiones, logrando espacios bellos y funcionales. Todo en un concepto pensado de principio a fin. Hacer un relato de su obra es como remontarse al pasado, manteniéndose en el presente, matizado con toques futuristas, para transmitir en su obra presencia, belleza y validez actual.
En estas páginas nos presenta una de sus obras más importantes: un majestuoso penthouse situado en la zona residencial de Bosques de las Lomas en la Ciudad de México.
Es una obra imponente llena de armonía, donde cada uno de los elementos que la componen fueron escogidos y diseñados meticulosamente, para obtener un resultado espectacular.
Azar ha logrado trascender con su gusto incorporado a la antigüedad y al presente, a lo clásico y a lo vanguardista. Conjugando sus ideas con las de sus clientes logra que éstos se sientan en un ambiente cómodo, acogedor y funcional.

ROY AZAR ARQUITECTO
Montes Urales 105
México, D.F. 11000
Tel 525/520 9060 **Fax** 525/202 8900

In the double-height foyer of the penthouse are two sculptures more than 16 feet tall created by the Mexican artist Carlos Espino.
On the table, designed by Roy Azar, there is a vase with beautiful flowers.
The terrace offers a panoramic view of the city.

Este es el vestíbulo de la entrada principal al penthouse. Enmarcando la doble altura, vemos 2 esculturas de más de 5 metros realizadas por el artista mexicano Carlos Espino. Los pisos son muy elaborados. La mesa fue diseñada por Roy Azar. En ella hay un florero con bellos alcatraces mexicanos. Detrás se encuentra una terraza, desde donde se puede admirar una espléndida vista de la ciudad.

The sophisticated living room palette is accentuated by every accessory and detail. The ceiling features a faux finish embellished with gold leaf, while silk tapestries complement assorted works of art.

En la sala se utilizaron colores claros matizados con accesorios y detalles. En el techo se hizo un trabajo en yeso antiguo, realzado con hoja de oro. Las paredes se tapizaron en seda bordada para realzar las obras de arte.

Grandiose trompe l'oeil murals on the second floor were created by the artist Paul Montgomery, Florida.

Los imponentes murales Trompe L'oeil del segundo piso fueron creados por el artista Paul Montgomery, de la Florida.

The lofty family room was designed with a double height to achieve the sensation of being surrounded by a garden, due to the effect of the murals and windows which may be opened to the spectacular cityscape.

Sala de estar familiar diseñada con doble altura, que da la sensación de estar rodeada por un jardín, gracias al efecto de los murales y ventanales que se abren a la espectacular vista.

The large dining room is elegant and, at the same time, functional. Empire chairs upholstered in velvet surround a beautiful table beneath a crystal chandelier.

El amplio comedor, de gusto exquisito, es elegante y a la vez funcional. La sillas Imperio tapizadas en terciopelo, rodean la bellísima mesa, todo bajo una gran lámpara de cristal.

Another sector of the family room includes a grand staircase with marble floor and a wrought-iron railing with ornamental silver leaf and bronze accents.

Otra vista de la sala de estar y la imponente escalera con piso de mármol y un barandal trabajado en hierro forjado con hoja de plata y acentos en bronce.

The beauty of the space is intensified by its ceiling, painted with clouds, to simulate a sky seen through an immense dome whose structural girders are inlaid with semi-precious stones. Its dramatic lighting and the murals provide a theatrical touch to the setting.

En esta área se puede apreciar la belleza del espacio. El trabajo del techo, pintado con nubes, simula un cielo que se ve a través de un gigantesco domo cuyas vigas estructurales tienen incrustaciones de piedras semipreciosas. La iluminación y los murales proporcionan un toque teatral al lugar.

The marble in the master bathroom is a combination of silver travertine, Norwegian rose, green jade and white thassos varieties. The mirrors give the sensation of increased space, while the Fornasetti chair provides a modern touch.

El baño principal tiene una combinación de mármol travertino plateado, rosa noruego, verde jade y blanco thassos. Está rodeado de espejos colocados para dar amplitud. La silla de Fornasetti aporta el toque moderno.

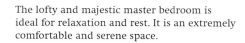

The lofty and majestic master bedroom is ideal for relaxation and rest. It is an extremely comfortable and serene space.

El dormitorio principal tiene una altura majestuosa. Es ideal para relajarse y descansar. Su calidez transmite paz. Es un ambiente sumamente acogedor.

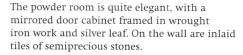

The powder room is quite elegant, with a mirrored door cabinet framed in wrought iron work and silver leaf. On the wall are inlaid tiles of semiprecious stones.

El baño de visitas es muy elegante, tiene puerta de espejo con trabajo de hierro forjado y hoja de plata. Sobre la pared se destacan incrustaciones de piedras semipreciosas.

Santiago Bernal

Right: Foyer of a penthouse located in Aventura, Florida, which is featured in these pages. This architectural space is octagonal and its walls are treated in high recessed panels. The ceiling has an antique gold leaf treatment. Latin American art accentuates the space.

Derecha: *Pasillo de entrada de un penthhouse situado en la ciudad de Aventura en la Florida, que se presenta en estas páginas. El espacio arquitectónico es octagonal. Las paredes se han resaltado con un trabajo en relieve. Con la laminilla de oro que tiene el techo, se logra una iluminación muy cálida.*

Santiago Bernal, widely known internationally, is renowned for his designs based on functionality and creativity. His work ranges from contemporary to traditional, but he feels most at ease when breaking established rules in order to achieve eclectic and aesthetic environments. This designer also emphasizes in the use of color and texture. He takes advantage and attention to the technical aspects of his work, in such topics as lighting, ventilation, audio-visual sound systems, as well as automated residential computers, among others.
Santiago Bernal who has been invited to speak before numerous international forums, also writes for specialized publications on various topics related to interior design and decoration.

Ampliamente conocido en el *ámbito internacional, este diseñador de interiores basa sus proyectos en la funcionalidad y la creatividad. Su espectro de trabajo va desde los estilos contemporáneos, hasta los clásicos. Y se siente más a gusto cuando rompe las reglas establecidas, logrando ambientes eclécticos.*
En el aspecto estético, Santiago Bernal le da mucha importancia al uso del color y las texturas. Según él, cada habitación debe tener su propia personalidad y carácter, de manera que el dueño de la casa pueda disfrutar de diferentes atmósferas dentro de un mismo proyecto.
El diseñador le da cada vez más importancia a los aspectos técnicos que forman parte de su trabajo, como la iluminación artificial, los aislamientos acústicos, la ventilación, los sistemas de sonido y de vídeo y las computadoras residenciales que controlan y automatizan una casa.
Santiago Bernal ha sido invitado a dar conferencias en muchos foros internacionales. Además, escribe en revistas, periódicos y publicaciones especializadas, tratando diversos temas relacionados con el diseño y la decoración.

SANTIAGO BERNAL
800 West Avenue - CS2
Miami Beach, FL 33139
Tel 305/674 7474 **Fax** 305/674 7411
E-Mail sabernal@aol.com

This work space was created so
that its owners can comfortably work at home. Wood floor and shutters, textured wallcoverings and the warmth of the built-in units, contributes to a relaxing atmosphere.

Estudio. Este espacio se creó para que los dueños de la residencia trabajen desde la casa. La ambientación que se logró con las persianas de madera, el diseño y el material de la biblioteca, el piso de madera y la textura de paja en las paredes, es muy relajante y agradable.

An example of an eclectic environment. This setting includes contemporary sofas, a cocktail table in iron and glass, combined with neoclassical chairs. The carpet was hand made in Tibet.

Sala. Este es un claro ejemplo de un ambiente ecléctico. Está logrado con un sofá contemporáneo, una mesa de centro en hierro con tapa de cristal y sillas neoclásicas. La alfombra fue elaborada a mano en el Tibet.

The area rug in the dining room repeats the octagonal shape of the foyer. Another focal point here is the built-in cabinetry which conceals a home theater.

Salón-comedor. La alfombra de área repite el mismo diseño octagonal del piso de la entrada. Se destaca el mueble empotrado, donde se oculta un televisor de gran tamaño y un sistema de sonido.

This corner of the bedroom is reserved for resting and reading. Its colors are Mediterranean-inspired and evoke the ocean whose views may be seen through many windows of this apartment.

Dormitorio. Un rincón para el descanso y la lectura. Los colores escogidos evocan el estilo mediterráneo y el mar, que se disfruta a través de todas las ventanas del apartamento.

The kitchen wallpaper in fruit pattern, is a decorative detail that helps to make this space, a pleasant place for food preparation.

Cocina. La cenefa de papel con frutas es un detalle que acentúa el diseño de la habitación que resulta perfecta para disfrutar la preparación de los alimentos.

Silvia Elizondo

Right: The panel screen that serves as a background in this entry adds depth and color. The flowers on the table are integrated to the scene.

Derecha: *El biombo que sirve de fondo en la entrada principal le da profundidad y color al espacio. Las flores de la mesa se integran al conjunto.*

Silvia Elizondo, an interior designer since 1989, is affiliated professionally with the International Interior Design Association and with the American Society of Interior Designers. She also obtained a diploma as a certified consultant by the The Feng Shui Institute of America.

Elizondo's work includes residential and commercial projects in different cities, all of them based in harmony and the balance between colors, forms and textures.

Her personal style can be defined as a combination of classic and contemporary, taking into account the architectural style of the space and, of course, the personality of the client and any specific needs. Her relationship with her clients is based on respect and confidence, indispensable aspects to maximize her creativity and to imprint the personal stamp of each client in every project.

Silvia Elizondo es diseñadora de *interiores desde 1989. Está afiliada profesionalmente a la International Interior Design Association y a la American Society of Interior Designers. También tiene un diploma como consultora certificada por The Feng Shui Institute of America.*

Sus trabajos incluyen proyectos residenciales y comerciales en diferentes ciudades, basados en la armonía y el equilibrio de colores, formas, texturas...

Su estilo personal se puede definir como una combinación de lo clásico y lo contemporáneo, tomando en cuenta el estilo de la arquitectura del espacio a diseñar y, por supuesto, la personalidad única del cliente y sus necesidades específicas. La relación con sus clientes se basa en el respeto y la confianza, aspectos indispensables para desarrollar la creatividad al máximo e imprimir el sello personal de cada cliente en el proyecto.

SILVIA ELIZONDO/ARQUINTERIORES
Río Volga 25 Ote. Col. del Valle
Garza García, N.L., Mexico 66220
Tel 52-8/378 6787 **Fax** 52-8/378 6690
U.S. toll free: 888/603 9764 **Fax** 888/875 2049
E-Mail selizo9951@aol.com www.silviaelizondo.com

A niche between two columns of cantera stone was specially painted to serve as a background to the bronze sculpture of the ballerina, simulating reflectors found on a stage.

El nicho enmarcado por columnas de piedra de cantera fue pintado especialmente para que sirviera de fondo a la escultura en bronce de la bailarina, imitando los reflectores de un escenario.

A wool Sarah Gayle Carter carpet i is flanked by two Baker sofas, shown with two throw cushions of E. J. Víctor.

La alfombra de lana de Sarah Gayle Carter está rodeada por dos sofás Baker, tapizados en chenille color oro y cojines estampados, de E. J. Víctor.

Both the mahogany buffet and hexagonal carpet were designed especially for this dining space. The painting by a local artist adds color and movement to the area.

En el comedor, el aparador de caoba y la alfombra hexagonal fueron diseñados especialmente para el área. El cuadro, pintado por un artista local, le da un toque de color y movimiento a la habitación.

The garden may be glimpsed through the window behind the love seat. The contemporary design of a Tibetan carpet contrasts with the classic style of the furniture.

Esta sala tiene como fondo el jardín principal de la casa. El diseño contemporáneo de la alfombra tibetana contrasta con el estilo clásico de los muebles.

A game table with a green marble top, an exclusive design, combines with antique chairs covered in leather.

La mesa de juego con tapa de mármol verde es un diseño exclusivo para combinar con las sillas antiguas, tapizadas en piel repujada.

Though small, this space was maximized by combining only essential furnishings.

El espacio es pequeño, pero fue utilizado al máximo al distribuir sólo los muebles necesarios.

This area is divided by an arch and columns of cantera stone to create two separate rooms. The sofas are upholstered in chenille, and accompanied by wrought iron tables.

Esta zona está dividida por un arco y columnas de piedras de cantera, formando dos salas independientes. Los sofás están tapizados en chenille, combinados con mesas de hierro forjado.

DESIGN 2000

Steven Gurowitz

After moving to South Florida in 1973, Steven G. inaugurated his long and successful career in the Interior Design field. With his design philosophy that one must design for a client's taste and lifestyle, the slogan most used in his showroom is, "He who ponders the trend of the day is tomorrow's obsolescence."

Interiors by Steven G. Inc. provides a referral package with over 300 names of satisfied clients and developers worldwide.

As the firm continues to grow, Interiors by Steven G. Inc. is doing design projects throughout the entire Eastern seaboard with jobs recently completed in Atlantic City, Long Island and Manhattan. It continues to branch out, now using its own trucks and delivery people to install furnishings as easily as if it were "right around the corner".

Interiors by Steven G. Inc. extends an invitation to visit its showroom by appointment only.

Al mudarse para el Sur de la Florida *en 1973, Steven Gurowitz comenzó su larga y exitosa carrera en el campo del diseño de interiores. Con su filosofía de trabajo "diseñar para el gusto y estilo de vida del cliente", en su salón de exposición y venta se repite mucho el siguiente eslogan: "Quien sigue ahora las tendencias del momento, mañana estará pasado de moda".*

Su empresa, Interiors by Steven G. Inc., continúa en ascenso. Ahora está haciendo proyectos de diseños a través de toda la costa Este de Estados Unidos, donde recientemente ha terminado trabajos en Atlantic City, Long Island y Manhattan. Además, la firma continúa ramificándose. Con la ventaja que tiene Interiors by Steven G. Inc. de entregar e instalar la mercancía con su transporte y sus propios empleados, todo resulta más fácil, como si la empresa estuviera al doblar de la esquina.

Interiors by Steven G., Inc. invita a visitar su salón de exposición y venta, haciendo una cita previa.

Right: Intricate millwork attends a media center in this formal setting. Hand-carved chairs in a silver-leaf finish highlight the soft palette of cream-colored chenilles.

Derecha: *Un complicado trabajo en madera se hizo en el área más formal del Home Theater. Butacas enchapadas en plata tallada a mano se destacan en la sala donde se usó una paleta de colores crema en los chenilles.*

INTERIORS BY STEVEN G., INC.
1608 NW 23rd Avenue • Fort Lauderdale, FL 33311
Tel 954-735-8223   **Fax** 954-735-7546
www.interiorsbysteveng.com
FL. License #IB-C000407

Indirect lighting, custom woodworking
and silk fabrics combine to make this a most
sumptuous master suite.

*En esta elegantísima suite con luces indirectas, trabajos
en madera hechos a mano y géneros de seda
se ha continuado la atmósfera general de la casa.*

A formal entry foyer is embellished by custom marble inlays, exceptional woodwork and an imported commode and mirror.

La entrada al vestíbulo resulta espectacular debido al mármol del piso, al trabajo en madera y a la cómoda y al espejo importados.

Panoramic views inspire this "great room", while tapestry fabrics, carved woods, glass and iron accessories add fine furnishing touches.

Las vistas panorámicas son el tema central de esta bella sala. Telas de tapicería, maderas talladas y accesorios de cristal y hierro resaltan su esplendor.

Hand-carved dining room chairs from the
Philippines and a low bar for entertaining helps
to make this home a showplace for entertaining.

*Las butacas del comedor, talladas a mano en las
Filipinas, y un bar de poca altura contribuyen a que esta
residencia sea ideal para reuniones de amigos.*

The true "great room" concept is a single room
that does it all, from dining to relaxing to
listening to music or watching the latest video.

*El concepto real de gran salón es una habitación donde se
hace de todo, desde comer a relajarse, escuchar música o
disfrutar del último vídeo.*

Rich textures in chenilles, leathers, silks, iron,
alabaster and carved woods combine
to create a livable yet elegant setting.

*Lujosas texturas de chenilles, pieles, sedas, hierro,
alabastro y maderas talladas hacen de esta casa un
lugar elegante para vivir cómodamente.*

This owner's retreat can be sequestered for the most intimate of times.

Este lugar de retiro del propietario se puede cerrar para lograr mayor intimidad en ciertos momentos.

A warm setting with sateens, silks, trompe l'oeil and hand-carved woodwork.

Los satines, las sedas, el trompe l'oeil y el elaborado tallado a mano en madera dan calidez a esta suite.

An iron and glass fixture surmount the breakfast room, with its inlaid mosaic stone top and four upholstered iron dining chairs.

El salón para desayunar tiene mosaicos incrustados en la mesa, sillas de hierro y lámpara de hierro y cristal, atractivos que le añaden belleza a una de las áreas más usadas en la casa.

An elegant powder room features a full bath and hand-hammered iron sink.

Un baño con decoración muy elaborada que tiene un lujoso tocador, con lavamanos de hierro martillado.

Viviane Coriatt-Gaubil

Right: Inspired by the French Directoire style of the late eighteenth century, the accent here is on warmth and comfort achieved through the use of plush, upholstered furnishings with throw pillows to spare.

Derecha: *En esta decoración inspirada en el estilo Directorio Francés, de finales del Siglo XVIII, el énfasis está en la calidez y comodidad logradas a través de los tapices de los muebles que, además, tienen cojines adicionales para mayor comodidad.*

Prior to becoming a business owner, Viviane Coriatt-Gaubil was an interior designer and, for 12 years, sales manager of Roche-Bobois' flagship Paris showroom. She was given the opportunity to take over its Boston franchise in 1991, followed by the Washington, D.C. franchise in 1996. In late 1997, Coriatt-Gaubil was on the move again, acquiring the Roche-Bobois franchises in Miami and Palm Beach in partnership with François Roche.

As one of the world's premier retailers of fine furniture and accessories, Roche-Bobois stands out by virtue of the eclecticism of its lines, which run the gamut from classical, French Provincial and Far Eastern styling to Art Deco and modern-contemporary decor. All lines are designed exclusively for Roche-Bobois by Europe's most talented and innovative designers, including Hans Hopfer, Luigi Gorgoni, Jacques Luzeau and Luciano Bertoncini.

Antes de ser propietaria de un negocio, *Viviane Coriatt-Gaubil trabajó como diseñadora de interiores y durante 12 años fue Gerente de Ventas de Roche-Bobois y dirigió su salón de París. En 1991, le dieron la franquicia de la empresa en Boston y la de Washington, D.C. en 1996. A finales de 1997, Coriatt-Gaubil adquirió la franquicia de Roche-Bobois en Miami y Palm Beach, en sociedad con François Roche.*

En la actualidad, Roche-Bobois es una de las firmas mundiales más importantes en la venta al detalle de muebles y accesorios finos, gracias al estilo ecléctico de sus líneas, que van desde la gama de las clásicas, Provenzal francés y del lejano Este, y desde las del Art Déco hasta la decoración moderno-contemporánea. Todas las líneas son diseñadas exclusivamente para Roche-Bobois por los más talentosos diseñadores europeos, entre los cuales se encuentran Hans Hopfer, Luigi Gorgoni, Jacques Luzeau y Luciano Bertoncini.

VIVIANE CORIATT-GAUBIL - ROCHE-BOBOIS
450 Biltmore Way Coral Gables, FL 33134
Tel 305/444 1017 **Fax** 305/444 4639
www.roche-bobois.com

In this master suite, the use of muted yellows and blues serves as a counterpoint to the furnishings in rich cherry wood.

En el dormitorio principal, el uso de tonalidades suaves del amarillo y el azul sirven de punto de contraste con los muebles de madera de cerezo.

The provincial style is carried into all areas with a minimalist decor. The spectacular ocean views take center stage.

El estilo Provenzal se llevó a todas las áreas, con una decoración minimalista. La vista espectacular del océano ocupa el centro de atención del lugar.

To create a continuity with the vistas of sandy beach and aquamarine water seen from every sector, a palette of beige and various shades of blue meld the interiors of the kitchen and master bedroom.

Para crear una continuidad con las vistas de la arena de la playa y el verde del agua, una paleta de beige y varias tonalidades de azul se funden en el interior de la cocina y del dormitorio principal.

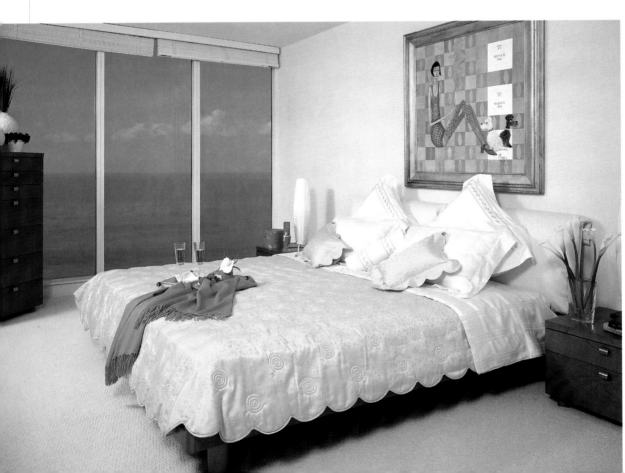

This model residence features a contemporary Roche-Bobois interior. In the dining room, the drapes are drawn back to create a sense of dining while seemingly suspended above water.

Esta casa modelo refleja el carácter de un interior contemporáneo creado por Roche-Bobois. Aquí, en el comedor, las cortinas crean una atmósfera más íntima, como si se estuviera cenando directamente sobre el mar.

Here too, minimalism is the order of the day, as seen in this living room whose sheer blue draperies and glass-topped tables again augment space and light.

Una vez más, el concepto minimalista está a la orden del día, como se aprecia en esta sala donde el azul puro de las cortinas y la tapa de cristal de la mesa incrementan el espacio y la luz.

Advertisers
Anunciantes

FASHION DESIGN: MORE THAN A CONCEPT

ANFE

Connecting
the Past...

CASANOVA GANDIA   ARTE HISPANICO   INCORMODI

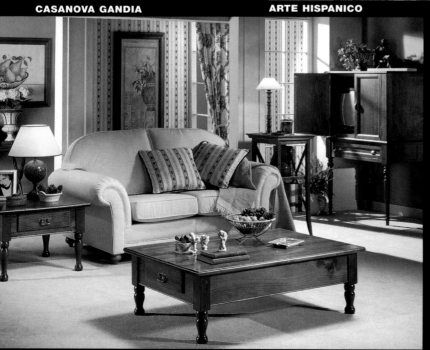

MASS MUEBLE

TADEL

...with the Future

FEDERICO GINER

INNOVA

TEYS

¿Qué es Rivesto-Marmorino®?

Rivesto-Marmorino es un producto italiano natural para acabado de paredes, que viene en forma de pasta y contiene 42% de mármol triturado y mezclado con cal. Aunque hay muchas imitaciones en el mercado de hoy, nuestro producto Rivesto-Marmorino es el de mejor calidad.

¿Qué características especiales tiene este producto Rivesto-Marmorino?

Rivesto-Marmorino es un producto de alta calidad, completamente natural. Este producto está hecho de piedra, es decir, mármol, cal y agua; por lo tanto no tiene un olor fuerte como muchos de los productos sintéticos que hay en el mercado hoy en día. Usted puede tener paredes de mámol sin tener el mismo peso de las baldosas de mármol.

¿Y cómo son los colores?

Los colores, al igual que el marmorino, son completamente naturales. Los colores se venden en forma líquida y están basados en cal. Tenemos dos catálogos de colores y también se pueden sacar colores a la medida para que hagan juego con cualquier decoración.

¿Cómo se aplica Rivesto-Marmorino?

Rivesto-Marmorino se aplica con unas llanas hechas en Italia especialmente para la aplicación de este producto. Las llanas son hechas de acero para que no se ensucien las paredes y las puntas son redondas para que no se rayen las paredes. Sin embargo, es el procesamiento del acero que las hace especiales.

¿En qué tipo de paredes se puede aplicar este producto?

Se puede aplicar en casi toda clase de paredes, incluyendo "drywall", yeso, metal, concreto, madera, con tal de que se pinte con "primer" de acuerdo con las especificaciones del fabricante.

¿Es Rivesto-Marmorino difícil de aplicar?

Este producto es fácil de aplicar porque se usa el mismo material en la primera, segunda y tercera aplicación, pero el albañil debe conocer las diferentes características del producto porque es natural. Nosotros ofrecemos cursos de aplicación en diferentes ciudades. Llámenos para recibir información acerca del curso y el lugar más cercano a usted.

Si tiene más preguntas, llámenos al 305.232.0233 o visítenos en nuestro sitio del web www.rivesto-marmorino.com

Foto: Joel Gardner, Venetian Hotel, Las Vegas, Nevada.

Frances Muñoz

2 Grove Isle, B 410 • Coconut Grove, FL 33133
7801 Coral Way, Suite # 115 • Miami, FL 33155
T 305. 267 1110 F 305. 267.1114
E-Mail: frances2000@bellsouth.net

Margarita Deleuze

Mildrey Guillot

GDS.
FINE ARTS STUDIO

2910 Ponce de Leon Blvd.
Coral Gables, Florida

305-447-1740

Gilda Sacasas

One Source...
Endless Possibilities.

miami

coral gables

pompano beach

Ceramic, porcelain and decorative border tile, granite, limestone, marble and travertine are just a few of our endless possibilities to create distinctive designs for the most sophisticated taste. From conception to completion, nothing can transform your home like Iberia Tiles.

Iberia Tiles
ceramic tile · marble · stone

PEGO
LAMPS

Lighting that Creates Ambiance

TILES
&
STONES

DESIGN QUALITY **INNOVATION** CONTROL...

VERTILUX **PANEL SHADES** COLLECTION

ROLLUX **ROLLER SHADES** COLLECTION

LOUVERWOOD **WOODBLINDS** COLLECTION

EUROPA **ROMAN SHADES** COLLECTION

LOUVERLUX **VENETIAN BLINDS** COLLECTION

BOLERO **CELLULAR SHADES** COLLECTION

SIMPLE PLEATED **PLEATED SHADES** COLLECTION

VERTILUX **VERTICAL BLINDS** COLLECTION

WWW.**VERTILUX**.COM

CASA & ESTILO
INTERNACIONAL

El diseño del nuevo

Milenio

CASA & ESTILO INTERNACIONAL MAGAZINE
12182 SW 128 STREET
Miami, Florida 33186, USA
Tel: 1-800-848-0466 • (305) 378-4466 • Fax: (305) 378-9951
www.casaestilo.com • E-Mail: casa@gate.net

Elegant in its style, sophisticated in its content, Casa & Estilo Internacional celebrates the worlds of interior decoration, fine arts, design, architecture, antiques, gardens and landscaping by recognizing the Hispanic audience with discerning tastes and lifestyles.

Casa & Estilo Internacional embodies the essence of upscale living with vivid images and captivating articles that highlight the latest trends in European lifestyles and interior decorating.

Since its inception in November 1994, Casa & Estilo Internacional has gained global appeal by engaging its readership of 385,000 with articles written in Spanish.

A glossy, bimonthly magazine, Casa & Estilo Internacional is currently distributed in the United States, particularly in Florida, California, New York, Texas, Illinois... and internationally in Latin America and Spain.
For subscriptions or advertising, please call
1-800-848 0466 or
(305) 378 4466 / Fax: (305) 378 99

www.casaestilo.com
E-Mail: casa@gate.net

Elegante en su estilo y sofisticada en su contenido, Casa & Estilo Internacional recorre el mundo de la decoración interior, artes plásticas, diseño, arquitectura, antigüedades, jardines y estilos de vida, reconociendo los diferentes gustos del público hispano.

Casa & Estilo Internacional muestra el más alto nivel de vida a través de bellas imágenes y cautivadores artículos que destacan las últimas tendencias.

Desde su nacimiento en noviembre de 1994, Casa & Estilo Internacional ha conseguido un amplio mercado, que se traduce en sus 385.000 lectores en todo el mundo.

Esta revista bimestral está impresa totalmente en colores. Actualmente se distribuye en la mayoría de los mercados hispanos de los Estados Unidos, principalmente en la Florida, California, Nueva York, Texas, Illinois... A nivel internacional llega a toda Latinoamérica y a España. Para suscribirse o anunciarse, por favor llamar al
1-800-848 0466
o al (305) 378 4466 • Fax: (305) 378 9951

www.casaestilo.com
E-Mail: casa@gate.net

CASA & ESTILO
INTERNACIONAL

ya está preparando el anuario

is already working in the yearbook

design

Casa & Estilo Internacional Magazine • 12182 SW 128th Street • Miami, FL 33186

Siguiendo el éxito de las ediciones anteriores, este libro será publicado en inglés y español, presentando los trabajos de un nutrido y selecto número de diseñadores de interiores, arquitectos y paisajistas de varias partes del mundo.

Continuing the success of our previous editions, this book will be published in English and Spanish, presenting the projects of a select assemblage of interior designers, architects and landscape designers from several parts of the world.

Las personas interesadas en participar, pueden recibir la información necesaria llamando al:

Those interested in participating can receive the necessary information by calling:

**(305) 378 4466
Fax: (305) 378 9951
E-Mail: casa@gate.net**

nal

Cosabella

Cosabella is a leading Italian company, though based in Miami, Florida, with more than 15 years of experience in creating feminine streetwear and lingerie of the finest linen. The concept and the production are part of Cosabella's attraction, conceived for the bold and fast paced woman who enjoys being irresistibly sexy. And its materials, delicate fabrics and beautiful European laces are devoted to the woman who wants be felt seductive, but elegant at the same time. The characteristic and exclusive designs of Cosabella are made totally in Italy, with the finest European quality and are distributed in the United States, Canada, South America and Asia. For more information, call Tel. 1-800-451-5393. www.cosabella.com

Cosabella es una empresa italiana radicada en Miami, *Florida que lleva más de 15 años a la vanguardia de la moda femenina, creando modelos de calle, de noche y ropa interior de la más fina lencería. El concepto y la confección son parte del gran atractivo de la producción de Cosabella, concebidos para la mujer audaz, atrevida, de ritmo rápido, que le gusta sentirse irresistiblemente sexy. Y los materiales, integrados por suaves telas y bellísimos encajes europeos, tejidos claves que la empresa dedica a la mujer que quiere sentirse seductora, pero cómoda y elegante a la vez. Los exclusivos diseños de Cosabella se confeccionan en Italia, con la más fina calidad europea y se distribuyen en Estados Unidos, Canadá, Suramérica y Asia Oriental. Tel. 1-800-451 5393. www.cosabella.com*

Chevy Impala

With an impeccable contemporary style, the Chevy Impala is now better that ever. Safety is the principal objective of its engineering. The interior is surprisingly luxurious and spacious; it has excellent fuel efficiency and has many standard options, including air bags for the driver and front passenger. All panels, with exception of the ceiling, are manufactured with galvanized steel for greater durability and beauty. This new design has been awarded "five-star" status in the United States government's frontal impact test. The new Chevy Impala combines traditional quality with a luxurious contemporary design and an excellent Chevrolet price.

Con un estilo contemporáneo impecable, el Chevy Impala está mejor que nunca. *La seguridad es el objetivo principal de su ingeniería, su interior es sorprendentemente lujoso y espacioso,*

tiene buen rendimiento de combustible y un gran número de opciones estándar que incluye bolsas de aire para el conductor y el pasajero en el asiento delantero. Todos los paneles de la carrocería, con excepción del techo, están fabricados con acero galvanizado para mayor durabilidad y belleza. Este nuevo diseño ha ganado la clasificación de cinco estrellas del gobierno federal de los Estados Unidos en la prueba de impacto frontal. El nuevo Impala de Chevrolet le brinda su calidad tradicional con un lujoso diseño contemporáneo, a un excelente precio Chevrolet.

European House

European culture has been revealed in actual furnishings at
European House, located in Miami, Florida. Unique collections are
imported in a variety of styles and finishes. When it comes to high
design and functional innovation, their modern and contemporary
pieces allow you explore new horizontes. Should tradition and elegance
be paramount, there is a substantial source in their classical and
country collections. Call at (305) 718-4677.

La cultura europea está resumida en las colecciones de *European
House, una empresa localizada en Miami, Florida, que ofrece varias colecciones
de muebles en numerosos estilos y acabados. Cuando se trata de diseño de
categoría e innovaciones funcionales, European House presenta sus piezas
contemporáneas que abren nuevos horizontes. Si se prefiere la tradición y la
elegancia, son muchos los muebles y accesorios que pueden verse en sus
colecciones clásicas y rústicas. Para más información, llamar al Tel. (305) 718 4677.*

Firenze Enterprises Inc.

Firenze Enterprises Inc. is a Florida-based company that
imports and distributes Rivesto-Marmorino, an all-natural marble
plaster wall finish that converts any wall into a work of art. It is
beautiful to look at and wonderful to touch. So, if your home
is your castle, treat your walls to the best... Rivesto-Marmorino®.
For more information, call (305) 232-0233.

Firenze Enterprises In. es una compañía de gran prestigio con *base
en la Florida, que importa y distribuye Rivesto-Marmorino®, un producto
italiano natural para acabados de
paredes, que viene en forma de pasta
y contiene 42% de mármol triturado y
mezclado con cal. Es maravilloso ver y
tocar estos acabados, que convierten
cualquier tipo de pared en una
verdadera obra de arte. Por eso, si su
casa es su palacio, trate sus paredes
con lo mejor: Rivesto-Marmorino®.
Para más información, llame al
(305) 232 0233.*

Frances Muñoz

"Painting is, for me, how I express my feelings about life," says Frances Muñoz, an Ecuadoran artist who recently opened Da Vinci Art Academy in Miami, which specializes in oil paintings and is located in 7801 Coral Way, Suite 115 Tel. 305 267-1110. Her associate, the Colombian artist Giovanni Castro, is in charge of it classes. Within the still-life thematic, Muñoz paints substantially flowers and occasionally fruit. "What I enjoy the most is to be near the reality, see a flower and paint it as I am seeing it." Muñoz is arranging some expositions for the year 2000. "I thanks God for the gift that has given me and my husband, who has supported me in my career ".

"Pintar, para mí, es plasmar todo lo que siento en la vida", dice Frances Muñoz, una pintora ecuatoriana que acaba de abrir una academia en Miami: Da Vinci Art Academy. Un centro especializado en pintura al óleo, localizado en 7801 Coral Way, Suite 115, Tel. 305/ 267 1110. La responsabilidad docente está a cargo del socio de Muñoz, el pintor colombiano Giovanni Castro.

Dentro de la temática del bodegón, Muñoz proyecta esencialmente flores, aunque también pinta frutas, casi siempre al óleo. "Acercarme a la realidad lo más que puedo. ver una rosa y pintarla, así como la estoy observando, es lo que más disfruto". En la actualidad, Muñoz está organizando una exposición en coordinación con el Consulado Ecuatoriano de Miami, que se presentará en el mes de mayo del 2000. "Le doy gracias a Dios por este don que me ha dado y a mi esposo, que me ha apoyado en toda mi carrera".

GDS Art Gallery

Three artists with different styles have inaugurated a new space to exhibit their works and also to be an artistic meeting point, GDS Fine Arts Studio, 2910 Ponce de Leon Boulevard, Coral Gables, Florida. Gilda Sacasas and Mildrey Guillot, are two Cuban painters and Margarita Deleuze, a Venezuelan. Sacasas reflects in her work the familiar union and love as a genuine expression of her feelings. With Guillot the woman is the preferred topic in which she translates her personal experiences. She also paints landscapes and still lifes. Deleuze projects in a polished image of horses her love for these animals and nature with a very personal style. At GDS Fine Arts Studio the public not only can enjoy the works of these three painters, but converse with them, in an creative atmosphere.

Tres pintoras residentes en Miami, con diferentes estilos, inauguraron un nuevo *espacio para exponer sus obras y como punto de encuentro artístico: GDS Fine Arts Studio, 2910 Ponce de León Boulevard, Coral Gables, Florida. Se trata de Gilda Sacasas y Mildrey Guillot, dos pintoras cubanas y Margarita Deleuze, venezolana. Sacasas refleja en los personajes de sus cuadros la unión familiar y el amor, como expresión genuina de sus sentimientos. En la obra de Guillot, la mujer es el tema preferido, imagen en la que vuelca sus vivencias. También pinta paisajes y bodegones. Deleuze proyecta en una imagen pulida de los caballos su amor por los animales y la naturaleza, con un estilo muy personal. En GDS Fine Arts Studio el público no sólo puede disfrutar de las obras de las tres pintoras, sino reunirse y conversar con ellas, en una atmósfera realmente creativa.*

Iberia Tiles

Many of the world's most magnificent textures come to life at Iberia Tiles, one of the Southeast's largest independently-owned distributors of ceramic tiles, marble and stone. With more than 20 years of serving South Florida's residential, commercial, architectural and export needs, Iberia offers endless possibilities for its valued customers. Call today for a listing of conveniently located state-of-the-art showrooms near you at 305/591 3880.

__El mundo de las más bellas texturas se concentra__ en Iberia Tiles, una de las compañías más importantes del Suroeste de la Florida, propietaria y distribuidora de baldosas de cerámica, mármoles y piedras. Iberia Tiles lleva más de 20 años sirviendo a sus clientes del Sur de la Florida, en proyectos arquitectónicos residenciales y comerciales, y exportando a muchos países donde sus productos, que tienen fama universal, gozan de gran prestidio. Iberia Tiles les ofrece a sus clientes infinidad de alternativas de acuerdo con sus necesidades y gustos. Para más información, llame hoy al (305) 591-3880 para obtener el teléfono y dirección de cualquiera de los showrooms, que están convenientemente situados.

Pego Lamps

These two examples show the quality and beauty of the products of Pego Lamps, a company with many years of experience in the market, that has several showrooms in Miami. Specializing in exclusive lamps whose presence enhance any ambience. Pego Lamps presents (upper right) a stately artistically elaborate bronze-and-alabaster creation, made by European craftsmen. And, to the right, a beautiful bronze chandelier with 18 lights. Both are symbols of the quality and distinction of this company. For information, call (305) 447-0667.

Bastan sólo dos muestras de los excelentes productos que comercializa Pego Lamps, empresa con muchos años de experiencia en el mercado, que tiene varios salones de exposición y venta en Miami. Especializada en lámparas de diseños exclusivos que imponen su presencia en cualquier ambiente que se coloquen, Pego Lamps presenta (arriba) una pieza de majestuoso diseño, elaborada artísticamente por artesanos europeos, en bronce fundido con capas de alabastro que realzan su belleza. Y, a la derecha, una bellísima lámpara de 18 luces, trabajada en bronce fundido. Ambas son símbolos de la calidad y distinción de esta compañía. Para más información, llame al (305) 447-0667.

The Window Fashion Store

Now architects, interior designers and decorators have available one of the most comprehensive interactive showrooms of decorative window coverings products in South Florida. The Window Fashion Store offers the best and most extensive lines of exclusive blinds and shades from the internationally renown brands, Vertilux Collection and Hunter Douglas. For both commercial and residential projects, now customers can see more than just a sample book, but appreciate completed products in their actual sizes, as well as learn about new colors, fabrics and the latest motorized options for remote control of virtually any type of blind or shade, all in one impressive and comfortable showroom. To visit and use our showroom with your customers, please call us at (305) 594.2818. For more information, visit our web site at www.windowfashionstore.com

Ahora, arquitectos, diseñadores y decoradores cuentan con uno de los más *completos salones de exhibición interactiva de productos para decoración interior y revestimiento de ventanas, en toda la Florida. The Window Fashion Store ofrece lo mejor de lo mejor con toda la extensa gama de exclusivas cortinas y persianas, de las reconocidas marcas internacionales Vertilux Collection y Hunter Douglas. Tanto para proyectos comerciales como residenciales, ahora el cliente puede ver más que un sample book; en este impresionante salón se puede apreciar cada producto terminado, a tamaño real y puede descubrir nuevos colores, tejidos o lo más sofisticado en sistemas motorizados para toda clase de persianas. Para visitar y utilizar nuestro showroom con sus clientes puede llamar al (305) 594.2818. Para más información visítenos en Internet: www.windowfashionstore.com*

Tiles & Stones, Inc.

Tiles & Stones offers a great variety of ceramics and natural stones from the foremost sources in the world: Ceramics for floors and walls whose finishes are as real as marble; decorative trimmings that recreate the most beautiful projects of the Renaissance; marbles, travertines, granites, limestones and stones for any desired ambiance. For more information, call (305) 718 8133. Internet: www.tilesandstones.com

Tiles & Stones ofrece una gran variedad *de cerámicas y piedras naturales de las mejores fábricas del mundo. Cerámicas para pisos y paredes con acabados tan reales como el mármol mismo; cenefas decorativas que recrean trabajos artesanales del Renacimiento; mármoles travertinos, granitos, limestones y piedras calizas para cualquier ambiente. Tel. (305) 718 8133. Internet: www.tilesandstones.com*

Sponsors
Patrocinadores

FIM 2000 - A WELL-BALANCED IMAGE
FIM 2000 UNA IMAGEN BIEN BALANCEADA

37ª FERIA INTERNACIONAL DEL MUEBLE DE VALENCIA
Del 25 al 30 de Septiembre del 2000

37th INTERNA

37th INTERNATIONAL FURNITURE FAIR OF VALENCIA · SPAIN

Pieces that are impossible to assemble. Unique, unrepeatable elements. Separate entities with their own personalities... the challenge was to

find the point of convergence, the way to impose order on all this chaos. To achieve a harmonious ensemble from the sum total of idiosyncratic individualities.

This is the image of the International Furniture Fair (FIM) for the year 2000. A faithful reflection of the original intent. An image that reflects the reality of the show. Because this show really is a polymorph, with its changing personality, its growing stature, its coherence, its mixture of styles - all suggestive and captivating.

What are the features of FIM's identity?
- Diverse styles with a balanced mixture
- An orderly exhibition
- Commercial flair
- International status
- Avant-garde leanings

The image of FIM 2000 includes all these characteristics and presents them in a coherent assembly in which both the classic and commercial are present, where economical products and unique, one-off creations stand side by side, where local skills are put to the global test. FIM is a fair that contributes to the field of culture, offering trends, styles, fashions, in addition to economic results. FIM is well-rounded fair, presenting furniture from around the world, styles for all the world, and attracting buyers from across the globe.

But FIM's image says more. FIM communicates warmth, friendliness, even passion. The colour had to be red - red like blood. And red is the colour that best identifies a country in the south of Europe. Life is red. FIM is red. Fire is red. The sun is red. FIM changes like the shapes of roaring flames.

Order in chaos, fire, heat, the miscellaneous and the occasional... this is all part of the image of this fair. But is this all? No. Because FIM is much more than this. It is a goal that flies higher and higher each year, because each year the attainable is placed a little bit higher than before. We are never content to stay the way we are. Ambition pushes us ever onwards. Ever higher. Ever further.

FERIA VALENCIA

Feria Valencia: Avenida de las Ferias, s/n
E-46035 Valencia (España)
Apdo. (P.O. Box) 476 E-46080 Valencia
Tel 34 963 861100 • Fax 34 963 861130
E-mail: feriavalencia@feriavalencia.com
http://www.feriavalencia.com

Piezas imposibles de mezclar. Elementos
únicos, irrepetibles. Entidades separadas con
personalidad propia... El desafío fue encontrar
el punto de convergencia, el camino para
imponer orden en todo este caos.

Esta es la imagen de la Feria Internacional
del Mueble (FIM) para el año 2000, una fiel
reflexión del intento original.
Una imagen que refleja la realidad de la feria.
Porque este show es realmente
polimorfo, con su personalidad cambiante,
su desarrollo, su coherencia, su mezcla de
estilos... todo sugestivo y cautivador.

¿Cuál es la identidad de los elementos de FIM?

• Diversidad de estilos con una mezcla
  balanceada
• Exhibición ordenada
• Espíritu comercial
• Nivel internacional
• Tendencias vanguardistas

La imagen de FIM 2000 incluye todas esas
características y las presenta en un coherente
montaje, en el cual lo clásico y lo comercial
están presentes, donde los productos económicos están al lado de las creaciones
más exclusivas y donde los valores
locales son sometidos a una prueba global.
FIM es una feria que contribuye al campo
de la cultura, ofreciendo tendencias,
estilos, modas, en adición a resultados
económicos. FIM es una feria completa que
presenta muebles y estilos de todo
el mundo, a la cual acuden compradores
de todo el globo.

Pero la imagen de FIM dice más.
FIM transmite calidez, amistad y pasión.
El color que la representa tiene que ser
el rojo, rojo como la sangre. Y rojo es el color
que mejor identifica a un país en el Sur de
Europa. La vida es roja. FIM es roja.
El fuego es rojo. El sol es rojo.
FIM cambia como las formas de las
llamas del fuego.

Orden en medio del caos, fuego, calor, lo
diverso y lo ocasional... son parte de la
imagen de esta feria. ¿Pero eso es todo?
No. FIM es mucho más. Es un logro que vuela
más alto cada año. No estamos contentos
con lo obetenido. Seguimos hacia adelante.
Cada vez más alto. Cada vez más lejos.

EL CLASICO REGRESA

Y está mejor que nunca. El nuevo Chevy Impala tiene un estilo impecable y contemporáneo. Una ingeniería detallada, diseñada con su seguridad en mente. Un interior sorprendentemente lujoso y espacioso. Potente con excelente ahorro de combustible. Además de incluir un gran número de opciones estándar. Todo por un excelente precio Chevrolet. Este es el nuevo Chevy Impala.

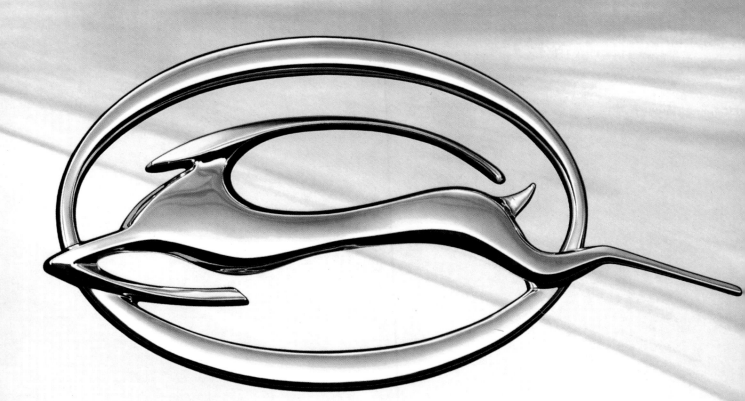

EL NUEVO CHEVY IMPALA
DEL AÑO 2000

Addresses
Direcciones

ADRIANA HOYOS
Alonso de Torres N. OE7-12.
El Bosque, Edificio Centrum N. 201
Quito, Ecuador
Tel (593 2) 258-383 / 384
Fax (593 2) 463-113
E-Mail ahoyos@hoy.net

Photos/Fotos Diego Ledesma

AHMED CHABEBE
AHMED CHABEBE & ASOCIADOS
Galerías Comerciales, Suite 304
Ave. 27 de Febrero #54
Santo Domingo, Rep. Dominicana
Tel 809/472 1291
Fax 809/472 1839

520 Brickell Key Dr. #519
Miami, FL 33131
Tel (305) 794 2352
Fax (305) 372 3817

Photos/Fotos Carlos Domenech
• Héctor Báez • Luis Nova

AIDA CRUZ DE MIOLAN
CONSTRUCTORA ABAD
Ave. Anacaona #34, Edificio Torre Palacio Real
Apto. 301, Bella Vista
Santo Domingo, Rep. Dominicana.
Tel 809/541 0222
Fax 809/541 7015
jwt.rd@codetel.net.do

Photos/Fotos Marian Balcacer
• Carlos Prandoni
Suppliers/Abastecedores Hurtado • Agustín
Parra • Maitland-Smith • Girard-Emilia
• Flexteel-Bill Blass

ALFREDO BRITO
BRITO INTERIORS
1000 Quayside Terrace #412
Miami, FL 33138
Tel 305/895 8539
Fax 305/893 1962

Photos/Fotos Roy Quesada • Alí • Miguel
Martín
Suppliers/Abastecedores Hurtado USA
• Windows of the Word II • Kravet
• Gershon at DACOTA • Frons/Martin
Dynasty • Indulgence Collection

CAROLE KORN
CAROLE KORN INTERIORS
622 Banyan Trail
Boca Ratón, FL 33431
Tel. 561/997 2888
Fax 561/997 2297

Photos/Fotos Carlos Domenech • Kim
Sargent

CHIP du PONT & TERRY O'NEIL
DUPONT-O'NEIL & ASSOCIATES
1191 E. Newport Center Dr./Penthouse C
Deerfield Beach, FL 33442
Tel 954/428 9200   **Fax** 954/428 6003
E-Mail doadesign@aol.com

Photos/Fotos Carmel & Robert Brantley
Suppliers/Abastecedores Steve Grafton's
Workshop • Avion Metal Works • Turner
Greenberg Associates • Warnock Studios
• Triple D • Jolo Enterprises • Kravet Fabrics
• Total Window • Brambier's • Gershon
Carpets • Avant Gardens • Florida Window
Fashions • Trevor's Custom Furniture • Florida
Furniture Manufacturing • Spinneybeck •
Hafia Marble and Granite • Cat Walk/Florida
Furniture Manufacturing • Jeffery Michaels
• Jalil's Oriental Rugs • Peter Mandel
• Bagindd Prints • Baker Knapp & Tubbs
• Designer's Choice in Floors • Forms and
Surfaces •Irpinia Kitchens

DAVID LOZANO
DAVID LOZANO INTERIORES
Ave. Vasconcelos #238 Pte. Col. Tampiquito
Garza García, Nuevo León, México CP. 66240
Tel 011 5283/366767   **Fax** 011 5283/366760
E-Mail 10dalo@infosel.net.mx

Photos/Fotos Carlos Tardan
Suppliers/Abastecedores David Lozano
Interiors • Beacon Hill • Robert Allen
• Scalamandre Fabrics • Hamilton Oriental
Rugs • Feizy Rugs • Lutron • Lightolier
• Thomas Grant Chandeliers • George
Kovacs • Cambridge Lamps

DIANNE JOYCE & CARY FERNANDEZ
DIANNE JOYCE DESIGN COMPANY
3700 Park Avenue,
Coconut Grove, FL 33133
Tel 305/740 9449 **Fax** 305/740 0730
E-Mail joycegroup@aol.com

Photos/Fotos Dan Forer • Mark Kovens
• John Gillan

EDUARDO LORA BERMUDEZ
LORA BERMUDEZ & ASOCS.
Calle Francisco Prats Ramírez #151
Ens. Piantini, frente a Plaza Central
Santo Domingo, República Dominicana
Tel 809/562 2701 • 809/565 5165
Fax 809/541 7687
E Mail lora.bermudez@codetel.net.do

Photos/Fotos Carlos Prandoni

FELIX A. ACHENBACH, III
1701 Coral Gate Drive
Miami, FL 33145
Tel 305/446 5180   **Fax** 305/445 7292
E-Mail designfaa@aol.com
www.felixachenbachdesign.com

Photos/Fotos Barry Grossman

Suppliers/Abastecedores Grafton Furniture
• Luminaire Furniture • Knoll Studio • Andrea
Mossman Antiques • Kodner Galleries
Antiques • Design West Fabrics • Bill Nessen
Fabrics • Jerry Pair Fabrics • Decorators Walk
• Brunshwick & Fils • Straton Framing Co.
• Carpet Source • Faith Oriental Rugs • Kathy
Goodman • Jomar Marble • Osborne and
Little • Eduardo Urivazo Installations • CMN
Construction Company

FREDERICO AZEVEDO
UNLIMITED EARTH CARE, INC.
24 Franklin Avenue. P.O. Box 3178
Sag Harbor, New York 11963
Tel/Fax 516/725 7551
www.unlimitedearth.com
E-Mail: info@mail.unlimitedearth.com

Photos/Fotos Tom Ratcliffe • Maira Pessano

GISELA MORALES MARTIN
GISELA MARTIN & ASSOCIATES
2701 Le Jeune Road, Suite 328
Coral Gables, FL 33134
Tel 305/448 9943   **Fax** 305/448 0334

Photos/Fotos Jonathan Rashline • Robert
Stein • Vieri Tomaselli
Suppliers/Abastecedores Custom Creations
• María Elena Garcell • Le Jeune Upholstery
• Iberia Tiles • Reesmar Sales & Millwork •
Cast Keystone • Toledo Iron Works • Camilo
Office Furniture • Floridian Furniture • Kilims
• The Carpet Lady • Carpet Creations • Brand
Lighting • José Madrazo Arts • Stone Works
• Design America

GUSTAVO ALBERTO LOPEZ
GUSTAVO ALBERTO LOPEZ S. DESIGN
Calle 14 #22-112 Local 3
Edificio La Bohemia
Barrio Los Alamos Pereira,
Pereira-Risaralda,
Colombia S.A.
Tel 6/321 5806 3/452 4763
Fax 6/321 4689
E-Mail: ellopez@utp.edu.co

Photos/Fotos Orlando Sánchez • Cristina
Aranda
Suppliers/Abastecedores Soho-Arte y
Prestigio (Medellín) • Judith Norman
(DCOTA) • Farrey's Lighting
• Expo Design Center • Puntadas de Oro
Lencería (Pereira) • Fabric Gallery
• Carlos Eduardo Sogamozo (Arte)
• Rubén Rivera Millán (Ingeniería Industrial)
• Santiago Bernal (Muebles)
• Ralph Lauren (Pinturas) • Luminier (Panamá)
• Waked (Panamá) • Motta Internacional
(Panamá) • Muebles Decorito (Bogotá)
• Casa de la Porcelana (Caracas)
• Fine Art Lamp.

JANE PAGE, ASID, IIDA
JANE PAGE CREATIVE DESIGNS, INC.
200 Westcott
Houston, TX 77007
Tel 713/803 4999 **Fax** 713/803 4998

Photos/Fotos Ron Muir

___

JESUS IBAÑEZ
ARQUITECTURA VERDE S.L.
Odisea, 21. Pinar del Plantío
28220 Majadahonda (Madrid)
Tel 34/91/6344733 **Fax** 34/91/6570462

Photos/Fotos José A. Ramírez y Eva Barny

___

JOSE RAMON PRATS
PILAR GONZALEZ DE ARIZA
PRATS GONZALEZ & ASOCIADOS
Héctor Incháustegui Cabral No. 18.
Ens. Piantini
Santo Domingo, República Dominicana
Tel 809/472 5949 **Fax** 809/567 4651
E-Mail prats.gonzalez@codetel.net.do

Photos/Fotos Alex Otero

___

LUIS CORONA & MICHAEL BARRON
CASA DEL ENCANTO, LTD.
6939 E. First Avenue
Scottsdale, AZ 85251
Tel 480/970 1355 **Fax** 480/970 1399

Photos/Fotos Lydia Cutter Photography
• Dino Tonn
Suppliers/Abastecedores José Castillo y
Juan Palafox; José Castro y Francisco
Palomino (Casa del Encanto) • Acabados
falsos (Casa del Encanto) • Tomlinson
Erwin- Lambeth Inc. • Italmond Company
• Coraggio Textiles • David E. Adler Inc.
• Builders Custom Lighting
• Pindler & Pindler Inc. • Dorell Fabrics Inc.
• AAARDVARK Delivery • National Contract
Furnishings • Valerianne of Scottsdale
• Accent with Flowers

___

LUIS E. LOZADA
INDUSTRIAL DESIGN FORM CORP.
3021 SW 28 Lane
Coconut Grove, FL 33133
Tel 305/461 4984 **Fax** 305/461 4985
www.formcorp.net
E-Mail llozada104@aol.com

Photos/Fotos Roy Quesada • John Gillan
• Kikor
Suppliers/Abastecedores Bon Vivant •
Indumet • Form & Surface • Nicoletti Italia •
Farrey's • Lunatika • Mobelform • Aboy Glass
• Brueton • Martyle

___

MARIA LAMAS SHOJAEE
PERSPECTIVE INTERIORS, INC.
8550 NW 33 Street
Miami, FL 33166

Tel 305/223 9596 **Fax** 305/499 3318
Photos/Fotos Roy Quesada

___

MARISELA DOMINGO
MACAMBU, INC.
8813 SW 132 ST, Miami, FL 33176
Tel 305/969 3000 **Fax** 305/969 0503
www.macambu.com

Photos/Fotos Carlos Fuguet

___

MICHAEL GAINEY
MICHAEL GAINEY INTERIORS
1119 E. Palmetto Avenue
Melbourne, FL 32901
Tel 406/951 3877 **Fax** 407/951 7635
www.michaelgainey.com
E-Mail mgaineyi@aol.com
  Brian Gatchell
  Atlantic Music Center
  223 E. New Haven Ave.
  Melbourne, FL 32901
  Tel 407/725 6770 • (800) 771 6770
  www.atlanticmusiccenter.com
  E-Mail brian@atlanticmusiccenter.com

Photos/Fotos Robert Brantley, Terry Wallace
Suppliers/Abastecedores Atlantic Music
Center • Unique Pianos • Taylor King Furniture
• Scalamandre Fabrics • Master Design Lamps
• Robert Allen Fabrics • Kravet Fabrics • Jane's
Collection • Heirloom Furniture • Fine Art Lamps

___

MICHAEL SARUSKI
SARUSKI DESIGN STUDIO, INC.
4141 NE 2nd Avenue, Suite #106-C
Miami, FL 33137
Tel 305/573 6900 **Fax** 305/573 9888
E-Mail: saruski ds@aol.com

Photos/Fotos Sue Buxton • Morgan Tyler
•**Suppliers/Abastecedores** Designtex •
Farreys • ANRI Designs • Artistic Impressions
• Judys Loft • Palace Upholstery • KMD
Design • Stone Works • JL Wood Creations
•Norman Seidler • EG Cody • Lisa Madden
Faux Painting • Turner Greenberg • McMow
Art Glass • Kravet Fabrics

___

NURY AÑOR
INTEGRA DESIGN
55 Ocean Lane Drive, Suite 1028
Key Biscayne, FL 33149
Tel. 305/491 3278 / 710 7158
Fax 305/361 1695

Photos/Fotos Subash Sakraney

___

OMAR LOPEZ DE MARQUEZ
DE MARQUEZ INTERIORS, INC.
141 Aragon Avenue, Coral Gables, FL 33134
Tel 305/448 4641 **Fax** 305/448 1470

Photos/Fotos Louis Guia
Suppliers/Abastecedores: De Marquez
Interiors, Inc.

PERLA LICHI
PERLA LICHI DESIGN
7127 N. Pine Island Road,
Tamarac, FL 33319
Tel. 954/726-0899 **Fax** 954/720-5828
www.perlalichi.com
Florida License #ID-1727,#1B-1037 y
#1B-1039

Photos/Fotos Brantley Photography

___

ROY AZAR
ROY AZAR ARQUITECTO
Montes Urales 105
México, D.F. 11000
Tel 525/520 9060 **Fax** 525/202 8900

Photos/Fotos Jaime Jacot
Suppliers/Abastecedores Ma Maison

___

SANTIAGO BERNAL
800 West Avenue - CS2
Miami Beach, FL 33139
Tel 305/674 7474 **Fax** 305/674 7411
E-Mail sabernal@aol.com
Calle 122 No. 27-59
Bogotá, Colombia
Tel (57-1) 637-3017 **Fax** (57-1) 612-6239
E-Mail sabernal@openway.com.co

Photos/Fotos Carlos Domenech, Christian
Zitzman
Suppliers/Abastecedores: Baker, Knapp &
Tubbs • Beacon Hill • Kreiss • Mc Guire
• Whitecraft • Kravet • Robert Allen • E.G.
Cody • Beacon Hill • Carpet Source
• SieMatic • Farrey's

___

SILVIA ELIZONDO
ARQUINTERIORES
Río Volga 25 Ote. Col. del Valle
Garza García, N.L., Mexico 66220
Tel 52-8/378 6787 **Fax** 52-8/378 6690
U.S. toll free: 888/603 9764
Fax 888/875 2049 www.silviaelizondo.com
E-Mail selizo9951@aol.com

Photos/Fotos Erasto Carranza • José
Quintero

___

STEVEN GUROWITZ
INTERIORS BY STEVEN G., INC.
1608 NW 23rd Avenue
Fort Lauderdale, FL 33311
Tel 954-735-8223 **Fax** 954-735-7546
www.interiorsbysteveng.com
FL. License #IB-C000407

Photos/Fotos Robert Brantley • Kim Sargent

___

VIVIANE CORIATT-GAUBIL
ROCHE-BOBOIS
450 Biltmore Way Coral Gables, FL 33134
Tel 305/444 1017 **Fax** 305/444 4639
www.roche-bobois.com
Photos/Fotos Robert Brantley